LE MERVEILLEUX

« HISTOIRE ET SOCIOLOGIE DE LA CULTURE »

Collection dirigée par

Fernand Dumont et Pierre Savard

1. *Idéologies au Canada français, 1850-1900.* Ouvrage collectif publié sous la direction de Fernand Dumont, Jean-Paul Montminy et Jean Hamelin, 1971.

2. *Savoir et Pouvoir. Philosophie thomiste et politique cléricale au XXᵉ siècle,* par Pierre Thibault, 1972.

3. *Les Religions populaires. Colloque international 1970.* Textes présentés par Benoît Lacroix et Pietro Boglioni, 1972.

4. *Le Merveilleux. Deuxième colloque sur les religions populaires 1971.* Textes présentés par Fernand Dumont, Jean-Paul Montminy et Michel Stein, 1973.

5. *Idéologies au Canada français, 1900-1929.* Ouvrage collectif publié sous la direction de Fernand Dumont, Jean Hamelin, Fernand Harvey et Jean-Paul Montminy, 1974.

6. *Les Manuels d'histoire du Canada au Québec et en Ontario, de 1867 à 1914,* par Geneviève Laloux-Jain, 1974.

7. *L'Apolitisme des idéologies au Québec. Le grand tournant 1934-1936,* par André Bélanger (à paraître).

8. *L'Idéologie de l'Action catholique de 1917 à 1930,* par Richard Jones (à paraître).

LE MERVEILLEUX

Deuxième colloque
sur les religions populaires
1971

Textes présentés par Fernand DUMONT,
Jean-Paul MONTMINY et Michel STEIN

HISTOIRE ET
SOCIOLOGIE
DE LA CULTURE

4

LES PRESSES DE L'UNIVERSITÉ LAVAL
QUÉBEC, 1973

AVANT-PROPOS

En octobre 1970 se tenait au presbytère Saint-Gervais de Bellechasse le premier colloque international sur les religions populaires. L'initiative était due à l'Institut d'études médiévales de l'Université de Montréal où un Centre très actif stimule la recherche en cette difficile et passionnante matière. Rassemblés à l'invitation de Benoît Lacroix et de Pietro Boglioni, un groupe restreint de chercheurs en diverses disciplines ont tenté de préciser les notions fondamentales et de faire un premier bilan des travaux. Un livre a rassemblé les résultats de ces échanges [1].

Le livre que voici réunit les travaux du second colloque, organisé en 1971 par l'Institut supérieur des sciences humaines de l'université Laval. Les responsables ont toutefois voulu rester au plus près des orientations qu'avaient su conférer à ces dialogues les initiateurs de ces rencontres.

Le thème de ce deuxième colloque n'était guère plus facile à cerner que le premier. Est-il, en effet, notion plus complexe que celle de « merveilleux » ? Pourtant elle se trouve obligatoirement au centre de toute réflexion sur les « religions populaires » et il nous a semblé qu'il fallait l'aborder de front. D'ailleurs, il s'agissait moins de la définir que d'en faire surgir les riches suggestions. Des échanges exploratoires comme ceux-là ne peuvent être féconds pour la recherche que si on ne les brime pas dans des cadres trop systématiquement posés.

---

[1] *Les Religions populaires*, textes présentés par Benoît LACROIX et Pietro BOGLIONI, Les Presses de l'université Laval, collection « Histoire et sociologie de la culture », Québec, 1972.

D'où le plan du colloque, qui est aussi celui de cet ouvrage. Après quelques prises de vues directes sur la notion elle-même, des problèmes plus circonscrits visent à l'éclairer. Ces problèmes ont été choisis en fonction des intérêts des participants; certains renvoient à des recherches empiriques en cours.

Est-il besoin de faire remarquer le caractère provisoire de tous ces textes ? C'est peut-être là que réside leur principal intérêt. Ils recommencent une réflexion plutôt qu'ils ne la concluent; ils donnent l'impatience d'aller plus loin. Parmi toutes les lacunes d'un pareil ouvrage, l'une tout particulièrement paraît grave : nous n'avons pu y reconstituer le climat fervent et fraternel de la rencontre dans le décor, bien propre au sujet, du Petit Séminaire de Québec.

Fernand DUMONT,
Jean-Paul MONTMINY,
Michel STEIN.

I

PROBLÉMATIQUE

DU MERVEILLEUX

Fernand Dumont

Le *merveilleux* : notion difficile, diffuse, dont nous discuterons tout au long de ce colloque. Étant donné le caractère sinueux que revêtiront fatalement nos entretiens, s'ils veulent respecter une réalité aussi fuyante, je m'interdirai tout naturellement de formuler, au départ, une définition précise, une définition de dictionnaire. Je voudrais plutôt procéder à une sorte de phénoménologie préalable ou, si on préfère, à une série de réductions progressives. Ces réductions seront largement hypothétiques et, par conséquent, ouvertes à la remise en question.

I

Le merveilleux suspend le cours habituel du quotidien; il réveille la signification, il la fait ruisseler dans son étonnante présence. Il rupture l'enchaînement convenu des choses ou des événements; il est surgissement d'une originalité, d'une jeunesse de leur sens. Des exemples viennent aussitôt à l'esprit. Le miracle paraît suspendre la liaison habituelle des causes et des effets pour révéler une finalité qui se dissimule d'ordinaire. Un paysage m'étonne et me paraît merveilleux parce

qu'il brise avec la monotonie de l'environnement et
m'annonce brusquement mon appartenance à la nature,
au cosmos.

Mais ces exemples habituellement évoqués peuvent
nous égarer. Ils suggèrent fallacieusement que le merveilleux se trouve dans des événements ou des choses
extraordinaires. Nous savons bien, au fond, que ce n'est
pas le cas. Des objets les plus simples dans un tableau,
de banales galoches dans une peinture de Van Gogh,
peuvent interrompre le cours des choses; le geste le plus
modeste peut interrompre le cours des événements. C'est
évidemment sous un certain regard que se lève le mystère
de ce qui est simplement là, que l'objet ou l'événement
interrogent et que, selon la même mesure, ils signifient...

Si l'on avait à choisir un mot qui s'opposerait à
« merveilleux » et qui en éclairerait le sens d'une manière négative, il faudrait sans doute s'arrêter à « trivial »
— en étant bien conscient que ce ne saurait être là
qu'une première vue des choses. Je consulte le *Robert* :
le trivial y est défini comme ce qui est « connu de tous »,
comme ce qui est « devenu ordinaire, plat et commun ».
Je retiens encore cette double référence au sens et à
l'usage : le trivial « désigne ouvertement et d'une manière populaire des réalités que le bon ton passe sous
silence (grossier, obscène, poissard)... » Traduisons : le
trivial, c'est ce qui ne signifie pas ou, tout au moins, ce
qui signifie si peu (ce qui est si « connu de tous ») que l'on
ne doit pas perdre sa peine ou sa réputation d'intelligence à en parler. Ou encore, ce qui dégage une contre-
signification (le grossier, l'obscène) qu'il est indécent
d'évoquer. Pour tout dire, le « trivial », c'est ce qui ne
fait pas signe.

II

Ce premier cercle, quasi uniquement sémantique, peut nous prévenir contre une méprise possible et fréquente : le merveilleux n'est pas fatalement de l'ordre de la « contemplation » par opposition à ce qu'on appelle, tout aussi conventionnellement, l' « action ». Les exemples évoqués tantôt le suggéraient déjà. Tel paysage invite à contempler la signification épandue dans la nature; il s'agit d'un merveilleux de l'avènement. Le miracle révèle la finalité; il concerne un merveilleux de l'agir, de l'événement.

Ici encore, le prétexte est relatif et des transferts sont possibles qui renvoient d'abord à des visées. Paysage et miracle peuvent être vus sous les deux aspects. Pour les ingénieurs qui conçurent les travaux de la Manic, les paysages du Grand Nord québécois disaient la merveille des possibilités ouvertes à l'aménagement technique, à l'action. D'autre part, le miracle a été tant de fois ramené aux merveilles naturelles, aux enchantements magiques, que nous ne savons plus très bien s'il survole l'histoire ou s'il l'illustre; pour nous convaincre tout à fait de cette ambiguïté, il suffit de rappeler les difficultés de la théologie à restituer au miracle sa portée comme signe d'un dessein, d'une mission, d'une fin historique.

Aussi faut-il, pour pousser plus loin encore, donner à cette antinomie des dénominations qui éveillent davantage les résonances de la symbolique. Je parlerais volontiers d'un merveilleux *maternel* (naturel) et d'un merveilleux *paternel* (historique). En cette matière, ces

figures ne sont pas méprisables, surtout qu'elles suggèrent une espèce de dialectique.

Il faudrait nous attarder longuement sur les merveilleux souvenirs d'enfance, la nostalgie du cercle maternel, la douceur du foyer. Et, à l'inverse, sur l'appel
merveilleux au devoir, aux tâches, à l'ambition, à l'aventure qui vient du père. Sur la merveilleuse chaleur
du retrait et le merveilleux défi du grand vent, sur les
merveilles de l'*avant* (la mère) et les merveilles de l'*après*
(le père).

Il faudrait nous attacher patiemment aussi aux
transmutations de cette dualité et de cette dialectique
dans l'espace proprement religieux. Continuons de faire
vite puisqu'il s'agit ici de tracer à gros traits une carto-
graphie des notions et des expériences. Un seul exemple
particulièrement suggestif : la dialectique de Noël et de
Pâques. La première est fête maternelle, retour à l'enfance, souvenir du commencement. Fête naturelle aussi :
le solstice d'hiver, les beuveries, l'arbre, la distribution
magique des cadeaux... Pâques est fête paternelle, émou-
vance plus sévère, souvenir du salut et de la croix; fête
d'adulte par opposition à la fête de l'enfance.

Et pourtant, entre ces deux fêtes encore se produit
une contamination de l'avènement et de l'événement, du
merveilleux enfantin et du merveilleux adulte, du maternel et du paternel. Noël aussi est célébration de l'action :
pour le croyant, il rappelle l'inévitable intervention de
Dieu dans l'histoire des hommes; Pâques est aussi fête
de la nature, du printemps, de la fécondité dont les
œufs rappellent encore maintenant le signe amenuisé.
Dialectique où se déplacent, d'une structure à l'autre
de l'expérience, les images et les symboles que tentent
péniblement de démêler les liturgistes...

III

Jusqu'ici, nous ne nous sommes pas uniquement perdus dans des pays et des distinctions, comme y invite la notion de merveilleux. Nous avons peut-être progressé un peu à partir du cercle initial du merveilleux et du trivial, entre ce qui fait signe éminemment et ce qui abolit le signe. Ce qui fait signe ne tranche pas radicalement entre la « contemplation » et l'« action », entre le maternel et le paternel, entre la nature et l'histoire; pourtant, de l'une à l'autre opposition il y a manifestement un problème de la réconciliation. Ne pourrait-on ainsi entrevoir, dans l'entre-deux de ces frontières incertaines, un terrain qui ne serait ni tout à fait merveilleux ni carrément trivial ? Un lieu où les signes existent, méritent d'être récupérés, mais où ils perdent aussi cette diffusion merveilleuse qui empêche de les comptabiliser ou de les manipuler dans une combinatoire. Ce territoire existe. Je l'appellerai, toujours pour poursuivre une géographie sommaire, le territoire du *fonctionnel*.

L'homme se présente au monde comme un pouvoir de *révélations*; il ramène à une conscience un monde qui lui semble destiné. Le merveilleux est l'illumination de ce sentiment de la conscience accueillante ou angoissante. Le trivial est l'absence de cette révélation et il tient d'abord, nous l'avons noté déjà, au sujet, puisque l'objet ou l'événement le plus banal peut devenir, grâce à l'artiste, diffusion du sens.

Faut-il dire, pour cela, que l'*objectivité* est tout autre chose que cette révélation ? Nullement. L'objet doit être d'abord *révélé* pour qu'il puisse donner prise ensuite au *travail* plus calculé de l'esprit ou de la main.

La science ou la technique ne s'attache pas à l'in-signifiant. Aussi, quand le travail est dénué de signification intrinsèque, dans les opérations à la chaîne par exemple, il faut y ajouter la contrainte. Ou encore, on lui juxtapose un sens qui puise à d'autres sources du merveilleux : dans les possibilités que la rémunération ouvre sur les merveilles de la consommation; dans les rêveries surajoutées au travail et qui ont comme un coin secret d'où la révélation suinte encore quelque peu aux murs de la monotonie [1].

Mais de soi, la technique et la science ne sont pas *à côté* du merveilleux. Blanché a fort opportunément rappelé que l'on ne saurait définir l'objectivité selon des critères qui vaudraient pour eux-mêmes, mais par des procédés de désubjectivation. Une connaissance objective est celle qui est moins subjective qu'une autre [2]. N'est-ce pas dire, du même coup, que la pensée scientifique suppose d'abord une complicité du sujet et de l'objet où celui-ci se *révèle* ? Si la science est une reprise des droits de la *chose*, ce n'est que par un long travail de cette révélation primitive sur elle-même où, en son noyau, elle tente de voir — ou de construire — l'objet pour soi ? Tisser patiemment des réseaux fonctionnels, des ensembles de variables et d'indices qui ressortissent à la science expérimentale ou à la technique, ce serait donc un droit de reprise du merveilleux plutôt que sa négation ?

Poursuivre la paisible et patiente vérification scientifique de l'hypothèse qui, à l'origine, s'est révélée dans la joie merveilleuse de l'intuition, ne ressortit ordinai-

---

[1] Je me permets de renvoyer à mon ouvrage, *la Dialectique de l'objet économique*, Paris, Anthropos, 1970, pp. 214ss.

[2] Robert Blanché, *la Science physique et la Réalité*, P.U.F., 1948, pp. 132ss.

rement pas aux merveilles; mais ce n'est pas non plus trivial. En dehors du cercle strictement circonscrit de la science et de la technique, n'en est-il pas ainsi ? Sortir sa chaussure du tableau où elle est « nature-morte », se remettre au labeur entre Noël et Pâques, se reposer par un dimanche ordinaire, ce n'est pas fatalement merveilleux sans être pour autant trivial.

Là encore, nous isolons fonctions et variables dans des projets, des programmes, une division du travail, où l'agencement rationnel récupère ses critères aux dépens des révélations plus étonnantes du sens. Mais pour que ces occupations plus raisonnées que les jeux et la fête nous retiennent et nous portent à l'effort, il faut qu'elles gardent et manifestent quelque chose de ce dont elles se sont dépouillées; ainsi a-t-on aisément remarqué que, dans les gestes du travail, dans le déroulement et l'affirmation des statuts sociaux, subsistent toujours une gratuité, des actes et des paroles du surplus qui ressemblent à des liturgies et qui n'ont d'autres fins que de dire un sens.

Dans la science comme dans le cours ordinaire de nos vies, le *fonctionnel* n'est donc pas l'absence de *révélation*. Il n'y acquiesce pas sans réticence comme dans le merveilleux; il n'en est pas non plus la négation comme dans la trivialité. Il est l'apaisement du sens pour que l'effort soit possible.

IV

À la fin, le merveilleux met donc en cause une certaine conception convenue de la *vérité*.

Puisque la science n'est pas le contraire du merveilleux, la vérité ne saurait être identifiée carrément à

des critères abstraits d'objectivité. Sans récuser ces critères, elle les déborde.

Des faits révélateurs nous en préviennent. Par
exemple, beaucoup de fidèles se détachent de la pratique religieuse, s'éloignent des sacrements moins parce
qu'ils doutent de la véracité de leurs fondements que
parce qu'ils n'y perçoivent plus de signification. Ils
parleront de juridisme, de climat artificiel, etc., pour
désigner, semble-t-il, une dissipation de cette révélation
qui tient au merveilleux et qui est partie prenante à
la vérité.

La crise actuelle de l'enseignement nous offre une
seconde illustration : le plus souvent, ce qui est mis en
cause dans les messages transmis, ce n'est pas leur teneur
objective mais bien plutôt leur pertinence, leur *sens*
quant à l'existence de l'enseigné. Se borner à parler de
motivation ou de son absence ne suffit pas : ici encore,
la vérité a perdu sa puissance d'émerveillement, de révélation, et cette carence n'affecte pas seulement son
processus de transmission mais quelque chose qui lui
est essentiel [3].

Et nous voilà ramenés à la « religion populaire ».
La vérité théologique — comme définition des conciles,
par exemple — est, elle aussi, une sorte de repos de la
signification religieuse. Nous avions déjà parlé, à ce
propos, de censure et de coercition [4] : refus des hétéro-
doxies ou de ce qui est mal défini; refoulement de ce
qui ne doit pas être défini. Jusqu'à quel point ces expli-
citations, ces tentatives d'*objectivité*, laissent-elles place

---

[3] Cette considération est moins neuve qu'il n'y paraît. Il faudrait nous
attarder à la notion aristotélicienne (et thomiste) d' « admiration » dont
on sait, par ailleurs, la polyvalence.

[4] « La notion de religion populaire », premier congrès sur les religions
populaires, 1970.

suffisamment au merveilleux pour que la révélation (au sens où nous l'entendions) soit encore sensible ?

À quelles frontières incertaines ces définitions risquent-elles de perdre leur pertinence ? Beau problème de théologie, on le voit. En tout cas, c'est dans une zone incertaine, délimitée par le merveilleux et le trivial et que tente de départager le fonctionnel, que se trouve sans doute le pays de la vérité religieuse. Ce pays qu'ont colonisé, dans des déplacements de frontières que la recherche devra justement repérer, ces réalités que nous appelons, d'une part, les « théologies » et, d'autre part, les « religions populaires ».

LA NOTION DE MERVEILLEUX

Raymond Bourgault

L'adjectif *merveilleux* apparaît en français au xii⁰ siècle.
Il a été formé, au moyen du suffixe *eux*, qui signifie
plein de, sur *merveille*. *Merveille* est du xi⁰ siècle et
vient de l'adjectif latin au neutre pluriel *mirabilia*, qui
flottait dans la mémoire des moines psalmodiant les
Mirabilia Dei. Par l'adjectif déverbal *mirabilis*, le verbe
miror et l'adjectif radical *mirus*, on rejoint une racine
indo-européenne *mei* ou *smei* qui se trouve dans le grec
meidiaô et l'anglais *smile*, sourire.

Dans la diachronie des significations, le merveilleux
est donc d'abord ce qui provoque cette espèce de détente
à la fois spirituelle et physiologique qu'on appelle le
sourire, et il est corrélatif d'une tension, comme si
l'homme était un être intentionné vers quelque événement ou parole qui serait capable de satisfaire provisoirement un désir, peut-être l'éros de ce que Platon
appelait le Beau en soi.

Comme substantif neutre, *merveilleux* n'est guère
employé avant la fin du xvii⁰ et le début du xviii⁰ siècle
par Racine, Boileau, Rousseau, Lesage et Voltaire. Il
s'agissait alors du merveilleux littéraire et plus particulièrement épique : on opposait le vraisemblable et
le merveilleux, le merveilleux païen et le merveilleux
chrétien, celui-ci étant d'ordinaire jugé minable par
comparaison avec celui-là. Le merveilleux en tant que
réalité culturelle était donc créé par le mot même qui

faisait un certain découpage parmi les traditions et déli-
mitait un champ à l'intérieur du langage; autrement dit,
le merveilleux devenait une instance seconde, une catégorie de recherche.

Par la grâce du romantisme allemand puis français,
cette catégorie fut infléchie de telle sorte qu'elle servit
aussi à rendre pensables les traditions populaires. Une
telle promotion du merveilleux était symétrique d'une
rémotion compensatoire chez les doctes de la notion de
miracle, car c'est l'époque où Renan parlait du miracle
grec. Mais le merveilleux populaire ne se laissait pas
définir comme simple mémoire d'admirables événements
passés : le succès de Lourdes montre bien qu'il était tout
autant espérance d'événements futurs insolites et concrè-
tement bienfaisants. Ainsi commençaient à s'opposer
deux apologétiques : celle du miracle comme signe des
interventions de Dieu dans notre monde, celle du merveilleux comme fond récurrent sur lequel se détache la
raison moderne.

Pour nous qui sommes assemblés ici, le merveilleux
comme adjectif substantivé au neutre n'est pas le réel,
ni même un moyen de le viser mais, en première approximation au moins, un mot qui nous permet de
débattre le problème de sa nature. C'est une catégorie
qu'on nous invite à considérer comme susceptible de
favoriser un échange interdisciplinaire; c'est une structure heuristique pratiquement vide ou très englobante,
un ensemble d'algébrèmes, préopératoire, antérieur à
tout eramen rigoureux d'une matière et délimitant simplement un champ de recherches possibles.

Mais en plus d'être l'expression d'une idée qui nous
fait coexister pacifiquement pour quelques heures, le
merveilleux m'apparaît, en deuxième approximation,
comme ce qui préexiste à nous-mêmes, tel un ensemble

d'événements déjà produits dans l'ordre du langage. Et alors l'expression morpholexicale par un adjectif substantivé au neutre — « le merveilleux » — se révèle tout à fait inadéquate. L'instrument d'approche doit être plutôt l'adjectif comme prédicat, en position de phrase et comme expression d'un jugement d'excellence : *Merveilleux ! Wonderful, terrific, fantastic !*

Les choses ne sont merveilleuses que dans la mesure où elles ont été dites telles, ou qu'elles pourraient et devraient l'être. De ce point de vue, le merveilleux n'a rien de substantif ni de substantiel, c'est plutôt une qualité évanescente qui épuise son être intentionnel dans la manifestation de son expression, c'est quelque chose comme un accident dépourvu de substance, ou plutôt une espèce intelligible qui transsubstantie par le langage les espèces sensibles dont elle se sert pour se manifester et s'exprimer, et qui a toujours besoin d'être défendue contre le bruit de fond qui menace constamment l'écoute de la parole.

Et voici ma troisième approximation. La substance du merveilleux, en deçà du substantif neutre qui guide les chercheurs et de l'adjectif qui exprime l'affectivité des admirateurs, se manifeste dans les formes lexicales proches du verbe comme sont les mots *merveille* et *émerveillement*. Ces mots expriment une relation vive de l'esprit à l'esprit par le truchement de deux termes. De même que les géomètres définissent la ligne par les points qui la terminent et les points par la ligne qui les relie, on définit ici le merveilleux par la merveille et l'émerveillement, c'est-à-dire en disant d'un terme qu'il est un objet et admirable et, de l'autre terme de la relation, qu'il est un sujet et admirateur. Mais, en fait, le merveilleux est dans la relation même telle qu'elle est dite ou *dicible* : il n'est donc ni dans le sujet ni dans l'objet par priorité, mais dans ce que j'aime appeler le transjet ou, avec Whitehead, le surjet. Cette manière de voir est voisine de celle de Lacan pour qui le réel de la psychanalyse est la relation même qui, par le langage, relie l'analyse et l'analysé.

Le fait est, cependant, qu'avant la rencontre thérapeutique le sujet et l'objet étaient comme deux pôles d'une relation absente, parce qu'inconsciente. On a pu définir l'inconscient comme la partie du discours concret transindividuel qui fait défaut à la disposition du sujet pour rétablir la continuité de son discours conscient. La relation vive et vivifiante est donc rétablie par le langage en acte, lequel préexiste aux sujets comme aux objets. Le merveilleux comme merveille est donc ce qui provoque le langage; comme émerveillement, c'est le principe de la parole. Et comme la cause doit être proportionnée à l'effet, il semble requis que la merveille elle-même soit parole. Car, si elle fait parler, c'est qu'elle est éloquente. Les Hébreux diraient qu'elle est un DABAR, à la fois parole et chose. Tout se passe donc comme si, derrière le merveilleux en acte, il y avait toujours une puissance de parole et d'interpellation dont les personnages et personnifications des récits de merveille ne peuvent être qu'une traduction et, souvent, une trahison.

Si notre débat devait s'orienter autour d'une définition opératoire, je suggérerais que celle-ci devrait se situer entre deux extrêmes. Au sens large devrait être considéré comme merveilleux tout ce qui est qualifié défavorablement au moyen d'hyperboles laudatives, par conséquent, même le merveilleux de commande du langage publicitaire ou touristique. À l'autre extrémité, je mettrais le merveilleux du langage en fête, solennel, hymnique, prophétique et poétique, c'est-à-dire le langage de ceux qui se veulent responsables d'une société et des valeurs qu'elle devrait admirer et rendre admirables. Ici, le merveilleux n'est plus seulement référé, en deçà des sujets et des objets, à un transjet transculturel et transhistorique, mais à quelque chose comme un projet et à un ensemble de décisions contingentes qui pointent au-delà d'elles-mêmes.

De ce point de vue, la question de savoir ce qui s'est produit lors de ce qu'on appelle le passage de la Mer Rouge a infiniment moins d'importance que la décision des responsables d'Israël de porter le regard du côté des répétitions possibles de la réalité eschatologique signifiée par le récit. Le récit de l'Exode est d'abord un événement dans l'ordre du langage et il est destiné à délivrer la parole retenue captive dans l'injustice, il ne relate pas un souvenir mais se réfère à un avenir, il ne s'adresse pas à la mémoire mais à l'imagination transcendantale et à la puissance effective de discours.

Plus que d'une foi, le merveilleux est donc l'expression d'une espérance. Il est donc toujours fonction d'une aire déterminée de l'Espace-Temps de l'Esprit, où l'esprit se voit inachevé. On peut le définir comme l'ensemble déterminé de représentations à l'intérieur duquel une certaine société est disposée, pour se dépasser, à considérer comme admirables certains événements ou récits d'événements supposés réels ou possibles. C'est toujours grâce au système reçu des représentations et donc aux produits des mystiques antérieures que les récits sont crus admirables. Et c'est lorsque le système des différences signifiantes se modifie que les vieux récits sont perçus comme des fables et des mythes. Le merveilleux varie donc avec ceux que les sociétés acceptent d'encourager comme porte-parole de leurs rêves : rhapsodes, bardes, troubadours, conteurs, prophètes ou vedettes.

Les récits de merveille emportent avec eux leur vérité et leur fausseté, leur grandeur et leur limite. Ce n'est pas la science qui peut dire la vérité du merveilleux en acte, car alors il s'atteste lui-même comme témoin inconfusible. Nous pouvons seulement tenter de dire la vérité des systèmes successifs ou simultanés de représentations au moyen desquels le merveilleux s'amène au langage ou se dilue dans le verbiage. Cependant, s'il appartient aux métaphysiciens et aux théologiens de définir la merveille et l'émerveillement, il nous appartient en propre de décrire et d'expliquer les formes d'étonnement; et l'émerveillement est le commencement de la métaphysique et de la science. Sans doute faut-il dire que nos sciences commencent au moment où nous nous émerveillons vraiment des émerveillements variés et contradictoires des hommes et des groupes humains.

En résumé, je dirai que, selon moi, (1°) l'émerveillement est le principe d'une certaine conversion du regard; (2°) que le récit de merveille est l'expression ou la thématisation de cette conversion et un moyen de la généraliser; (3°) que la catégorie du merveilleux est une méditation abstraite par laquelle des convertis qui se veulent responsables d'une certaine qualité de l'admiration s'appliquent à en reconnaître, classer, comparer, structurer et expliquer les diverses manifestations, afin, en dernière analyse, d'induire le style de conversion qui leur paraît meilleur. La science du merveilleux n'est donc pas innocente ni pure : elle sert ou dessert un projet dont la vérité relève d'une justice immanente à l'histoire dans laquelle nous sommes engagés.

ESSAI D'APPROCHE ANTHROPOLOGIQUE

Jean-Paul Audet

L'idée courante qu'on se fait du « merveilleux » rattache celui-ci au double phénomène de la surprise et de l'admiration. Dans cette ligne, on définira le merveilleux comme ce qui produit un effet de surprise, ou suscite l'admiration, ou les deux à la fois. Mais surprise, ou étonnement, et admiration ne sont pas du tout des phénomènes simples. On ne passe d'ailleurs pas nécessairement, et de plain-pied, de la première à la seconde, bien que l'admiration semble comprendre, en général, un élément de surprise.

Au surplus, il n'est pas sans intérêt de remarquer, à ce propos, que, chez les animaux supérieurs à tout le moins, le phénomène de surprise paraît plus étroitement lié à la crainte qu'à la curiosité et à l'intérêt : ce qui donne tout de suite à penser que la surprise, avec l'attention accrue qui en résulte, fait partie des mécanismes instinctuels destinés à assurer la sécurité et la survie des individus et des espèces. La surprise, ou l'étonnement, se trouve jouer ainsi un rôle biologique de première importance chez les espèces qui la connaissent.

Ce rôle est, du reste, variable d'une espèce à l'autre. En général, on serait tenté de suggérer que la variation est fonction, principalement, de la structure globale des moyens de protection et de défense.

L'admiration, en revanche, semble plus directement liée, dans le monde animal, aux fonctions positives de la structuration des groupes, là où ceux-ci existent, et au rapprochement sexuel.

Chez l'homme, le phénomène de surprise (étonnement) demeure lié, pour une part, à la crainte, et ainsi, fondamentalement, aux nécessités de la protection et de la défense des individus, des groupes, et donc, indirectement, de l'espèce elle-même. Mais au-delà de ce rôle biologique, pas du tout négligeable d'ailleurs, la surprise se trouve articulée, chez l'homme, au vaste phénomène de la curiosité et du désir de savoir : par où, il va sans dire, la surprise entre directement dans le cycle de la création des objets culturels.

Quant à l'admiration, il est légitime de penser qu'elle a subi, dans notre espèce, une mutation comparable à celle de l'étonnement. Elle s'est en partie détachée des nécessités immédiates de la structuration des groupes et de la reproduction pour s'étendre à un champ aussi vaste que celui de la curiosité elle-même. De tous les vivants que nous connaissons, l'homme paraît être le seul à pouvoir admirer, au-delà de son espèce, la totalité du monde qui l'entoure.

L'idée courante du « merveilleux » comprend, d'autre part, une seconde ligne d'observation. Dans cette ligne, est « merveilleux » ce qui est produit, ou considéré comme produit, par ce qu'on appelle, très vaguement, des « êtres surnaturels ». Cette notion de « merveilleux », beaucoup plus étroite que la première, on le notera au passage, a été largement utilisée dans le domaine religieux depuis l'aube de l'histoire jusqu'à nos jours.

Telle qu'elle se présente, cette notion religieuse du « merveilleux » reste encore aujourd'hui fort ambiguë. Elle aurait besoin, pour être vraiment utile à l'analyse, d'être sévèrement décantée. Ce travail de décantation supposerait, en premier lieu, à mon avis, un rapprochement méthodique de ce « merveilleux » particulier avec le phénomène culturel, beaucoup plus étendu, beaucoup plus global et beaucoup plus fondamental, de l'étonnement, de la surprise, de la crainte, de l'attention, de la curiosité et de l'admiration. C'est, on le pense bien, un immense domaine, lui-même encore extrêmement touffu, dont je dois me contenter d'indiquer ici l'intérêt [1].

★

S'il m'était permis, après ces remarques préliminaires, de donner mon point de vue sans plus de détours, dans le temps très bref alloué à cette communication, je prendrais volontiers mon départ dans une formule du *Tao* que j'aime beaucoup, et qui me paraît suggérer d'un coup ce qu'il est nécessaire de comprendre ici quant à la formation et à la fonction particulière du merveilleux dans le phénomène humain.

« Le vrai coureur, dit la sagesse taoïste, est celui qui ne laisse pas de traces. » Personne, il va sans dire, n'a jamais vu un tel coureur, pas plus que personne n'a jamais vu le « vrai chemin » où le « vrai coureur » ne laisserait plus aucune trace. Et pourtant, la vieille sagesse chinoise nous invite à penser que ce coureur qui ne laisserait plus aucune trace est, en fait, le seul « vrai coureur » : coureur à la fois étonnant et admirable (comparer, dans le monde grec, les ailes plantées aux chevilles d'Hermès, le rapide messager des dieux). Le « vrai coureur » devient, ainsi, à la lettre, un coureur « mer-

---

[1] Je signale, en particulier, les travaux déjà très suggestifs de D. E. BER-LYNE, *Conflict, Arousal and Curiosity*, Toronto, McGraw-Hill, 1960. Le même Berlyne travaille, depuis plusieurs années, sur les problèmes relatifs à l'intérêt et à l'admiration.

veilleux », que personne n'a jamais vu, mais dont l'image présiderait, en définitive, si obscurément que ce soit, à la course de tout coureur.

D'un point de vue anthropologique, comment comprendre la formation et la fonction d'une telle image ? Je serais tenté de dire, pour ma part, que le coureur qui ne laisse aucune trace est l'image de l'illimitation du désir de tout coureur comme coureur. Si l'on veut, une telle image prend en charge l'illimitation du désir en lui fournissant sa représentation propre. En fait, c'est, je pense, la fonction spécifique de l'image « merveilleuse » de fournir une médiation appropriée à l'illimitation du désir : par où le « merveilleux » me paraît témoigner, d'une manière générale, de cette levée des frontières du désir instinctuel qui a dû marquer, à l'origine de notre espèce, le passage à l'hominisation. Le « merveilleux », quoi qu'il en soit de l'extrême bigarrure des apparences, me semble revêtir ainsi, non seulement en phylogénèse mais encore en ontogénèse, une signification anthropologique à la fois profonde et durable.

Il s'agit, de toute manière, de bien autre chose que d'une épave folklorique flottant à la surface de la culture, et plus particulièrement, de la religion. Il s'agit, au contraire, d'une pièce maîtresse de la structure de l'homme, logée au point de convergence de la triple frontière du besoin, du désir et de l'espoir. Le « merveilleux », c'est l'image créée par l'illimitation du désir au-delà des contraintes du besoin et des attentes souvent déçues de l'espoir lui-même.

Comme le « vrai coureur » du *Tao*, l'image « merveilleuse » soulève l'homme, en quelque sorte, au-dessus de la route où le poids de l'histoire le force malgré tout à imprimer la trace de ses pas. L'image « merveilleuse » possède ainsi sa « vérité » : elle rend témoignage au « vrai coureur » contre le coureur lui-même, et elle rend témoignage à la « vraie route » contre la route elle-même. Il importe seulement de laisser l'image « merveilleuse » dans son ordre et de ne pas réclamer d'elle une autre « vérité », à laquelle d'ailleurs, en définitive, il y a quelques bonnes raisons de penser qu'elle ne prétend pas.

LA PSYCHANALYSE ET LE MERVEILLEUX

Michel DANSEREAU

La psychanalyse a-t-elle quelque chose à apprendre ou à enseigner de merveilleux ? Je n'ose commencer par l'éloge de la merveilleuse psychanalyse, car Freud lui-même s'est défendu de surestimer sa découverte. Le psychanalyste rencontre le merveilleux mais l'explore rarement de façon explicite. N'est-il pas à craindre qu'il le réduise à ses plats schémas d'explication, en mal de dégonflement, qui risquent de détruire le plaisir naïf des hommes qui savent encore s'émerveiller ? On admet facilement la réalité du souci, du conflit, de la misère, de l'horreur même, mais le merveilleux ne serait-il pas le fruit d'un rêve ou d'une illusion ?

Le doute est de bonne méthode cartésienne et le soupçon est l'attitude naturelle du psychanalyste. Radicalisons cependant la démarche et sachons douter du doute, c'est-à-dire retrouvons aussi la naïveté de l'écoute. Essayons donc de plonger et, s'il le faut, faisons un rêve; la psychanalyse n'y est quand même pas réfractaire, puisqu'elle voit en lui « la voie royale qui mène à l'inconscient ». Chacun sait comment Freud a relié diverses *gestalt* : formes verbales ou de comportements, autant que formes artistiques, à l'arrière-fond qui les nourrit. Autrement dit, les diverses structures merveilleuses pourraient renvoyer à un contenu pulsionnel, selon le modèle freudien du rêve manifeste ramené au rêve latent.

Pour éviter tout malentendu, précisons que si nous envisageons le merveilleux selon une structure onirique, à la manière du fameux conte d'*Alice au pays des merveilles,* nous ne préjugeons aucunement de la valeur de cette structure. Le rêve de l'un peut constituer la réalité de l'autre et la psychanalyse n'est qu'un point de vue partiel pour comprendre la réalité.

Je vais essayer, dans l'exposé qui va suivre, de montrer tout d'abord à quoi correspond le sentiment du merveilleux ou comment nous prenons conscience, en général, et plus particulièrement du merveilleux. En termes plus psychanalytiques, nous nous demanderons quelle est la dynamique pulsionnelle dans la prise de conscience du merveilleux.

Dans une deuxième partie nous verrons qu'il s'agit d'une prise de conscience de quelque chose. Nous examinerons le fond fantastique de ce qui nous est ainsi révélé et la dynamique de sa provenance.

Dans une troisième partie nous ferons quelques remarques sur le phénomène de croyance, propre au merveilleux comme au rêve, qui découle de la prise de conscience de ce quelque chose extérieur à nous. Nous verrons comment peuvent s'intégrer les composantes régressives à l'œuvre dans le sentiment du merveilleux (entre autres le fameux retour à l'enfance qui est si typique de ce sentiment).

I. — COMMENT PRENONS-NOUS CONSCIENCE ?

Commençons par la première question : comment prenons-nous conscience du merveilleux ? La prise de conscience étant le boulot habituel de la psychanalyse, en posant ainsi le problème nous évitons momentanément le terrain difficile de la philosophie pour nous situer sur celui, plus familier, de la psychologie. Nous ne posons pas la question ultime : qu'est-ce que le merveilleux ? mais nous abordons le *sentiment* du merveilleux pour essayer d'en comprendre la genèse.

Qui dit sentiment dit affectivité et nous situe au cœur même de la vie pulsionnelle. Nous sommes renvoyés à quelque chose qui se passe dans l'obscurité de notre être et qui cherche sa voie vers la conscience. Quelque chose du dedans veut devenir conscient. Comment cela peut-il se faire ?

Dans l'optique psychanalytique, la conscience forme la surface de l'appareil psychique qui est le plus proche du monde extérieur, la connaissance étant une introjection de ce monde. Cette proximité doit s'entendre non seulement au sens fonctionnel, mais aussi au sens anatomique : le cortex cérébral et les organes des sens sont de même origine ectodermique que les cellules de la peau. « Tout ce qui, provenant du dedans, veut devenir conscient, doit chercher à se transformer en une perception extérieure », estime Freud [1]. Il s'agirait là d'une structure propre à l'être-au-monde. Par exemple, dans une cure psychanalytique, l'inconscient ne peut être amené à la conscience que si le patient *revit* les épisodes de sa vie refoulée. Il prend conscience de ses sentiments d'amour ou de haine en les dirigeant sur le psychanalyste principalement. Ce sont les mécanismes bien connus de *catharsis* et de prise de conscience grâce au transfert. En d'autres termes, les pulsions qui veulent devenir conscientes doivent chercher des objets à investir dans le monde extérieur (phénomène de *projection*). La psychanalyse apporte ici sa contribution à la thèse classique

---

[1] S. FREUD, *Essais de psychanalyse*, Payot, Paris, 1948, pp. 172-173.

selon laquelle toute connaissance a pour origine la perception extérieure.

Nous voyons ainsi qu'une prise de conscience (et plus particulièrement une prise de conscience affective, un sentiment) résulte d'un jeu subtil de *projection* et d'*introjection*. Il n'y a pas pure passivité d'un être qui reçoit des impressions, mais il y a activité de cet être qui investit des objets (*cathexis*). Ce qui vient du dedans est *con-fondu* avec ce qui vient du dehors. La capacité de prendre une conscience affective est une fonction complexe du Moi dont le dynamisme repose en grande partie sur ces phénomènes d'introjection et de projection. Pour bien comprendre ce fonctionnement affectif du Moi, il faut dire un mot de sa formation.

Freud a montré que la première structure du Moi provient de l'incapacité des pulsions d'accepter certaines frustrations, en particulier la séparation d'avec la mère; ce qui oblige l'enfant à sublimer une partie de cela qui cherche une satisfaction : le Ça devient le Moi; la formation du Moi provient de la perte de l'objet non accepté. Autrement dit, c'est l'incapacité de renoncer à l'objet qui fait subir à la pulsion une transformation qui l'apparente à l'objet qu'il veut conserver (en l'occurrence la mère).

L'introjection (de la mère) pré-forme le Moi. Par exemple, parce qu'il ne peut renoncer au sein, son propre pouce (symbole du mamelon) devient objet d'amour. « Lorsque le Moi revêt les traits de l'objet, écrit Freud, il semble s'imposer à l'amour du Soi (Ça), à le consoler de sa perte; c'est comme s'il lui disait : regarde, tu peux m'aimer, je ressemble tellement à l'objet [2]. » Ainsi l'objet perdu ne l'est pas complètement puisqu'il

---

[2] *Ibid.*, p. 184.

est intériorisé; en constituant la mémoire, il n'est pas oublié tout à fait et pourra redevenir disponible pour le Moi qui le recherchera à l'extérieur. Selon des processus de sublimations sur lesquels nous ne pouvons insister, l'objet perdu pourrait être redécouvert.

La capacité d'attention ou de prise de conscience (*awareness*), qui est fonction d'un Moi plus ou moins évolué, a pour toile de fond cette tendance à rechercher les objets d'amour perdu. C'est le dynamisme de cette tendance qui explique pourquoi nous prenons conscience. Ces objets ayant été intériorisés, il s'ensuit que leur quête dans le monde extérieur a quelque chose d'une réminiscence, un peu à la façon de la doctrine platonicienne pour qui savoir était se ressouvenir.

Dans l'épreuve de la réalité, Freud a vu pertinemment que ce qui importait n'était pas simplement de savoir si un objet perçu devait ou non être accueilli, introjecté dans le Moi, mais de savoir si une chose présente dans le Moi sous forme d'image, par exemple une intuition ou une hypothèse scientifique, existe aussi dans le monde extérieur, « de façon qu'on puisse s'en emparer s'il en est besoin ». Originellement, explique-t-il, l'existence de la représentation est déjà un gage de la réalité de ce qui est représenté (la représentation d'un bon repas est fonction d'un vrai repas). L'opposition entre le subjectif et l'objectif n'est pas encore établie; elle s'établira bientôt cependant par suite de la faculté d'actualiser telle perception (par exemple l'image d'une bonne table) en la reproduisant par la représentation sans que la réalité implique encore nécessairement l'objet (la présence effective de la bonne table).

Dès lors, le but fondamental de « l'examen de la réalité n'est pas de trouver dans la perception réelle un objet correspondant à ce qui est représenté, mais de le *retrouver*, de s'assurer qu'il existe encore ». La découverte de l'objet serait une redécouverte. Cette épreuve de la réalité est d'autant plus nécessaire que la représentation n'est pas toujours la reproduction fidèle de la perception initiale. L'image peut être modifiée par des omissions ou des fusions d'éléments divers. Mais, conclut Freud : « On ne se livre à cet examen de la réalité que parce que des objets qui, autrefois, avaient été cause de réelles satisfactions, ont été perdus [3]. » Voilà l'origine pulsionnelle de notre soif de connaître !

Le plaisir inhérent au sentiment du merveilleux pourrait trouver dans une réminiscence, reconnue plus ou moins clairement, la raison de sa jubilation particulière ! Ainsi, le sentiment du merveilleux renverrait à un processus intérieur caractérisé par la découverte d'un objet d'amour perdu. Nous avons un bon vestige pathologique de ce processus dans le phénomène de *nostalgie* du merveilleux chez l'homme contemporain. Du merveilleux traditionnel aux nouvelles mythologies, on assiste à un effort pour retrouver le contact avec un invisible perdu.

Mentionnons, à titre d'exemples, la poésie surréaliste, la vogue des romans policiers à mystère qu'on a qualifiés de contes de fées de notre époque, la passion pour l'astrologie et autres ésotérismes, les recherches érotiques, l'envoûtement du cinéma d'un Antonioni, Bergman, Bunuel ou Fellini; les hommes d'aujourd'hui semblent aussi avides qu'autrefois de vivre dans un monde merveilleux ! Ceci nous amène à notre deuxième partie : à travers ces diverses productions, de quoi prenons-nous conscience, de nos désirs ou de la réalité ?

---

[3] FREUD, « La Négation », dans *Revue française de psychanalyse*, 2, 1934, pp. 174-177.

II. — LA RÉVÉLATION DU MONDE

Nous avons un peu compris comment nous prenions conscience et pourquoi, ainsi que le plaisir qui s'attache au sentiment du merveilleux. Mais, il est une autre caractéristique de ce sentiment qui est l'aspect de révélation du monde qu'il charrie ! L'homme en proie au merveilleux a l'impression qu'une qualité extraordinaire du monde lui est révélée, non pas en vertu de ses humeurs propres, mais par une sorte de don qui lui vient de l'extérieur. Devons-nous le croire sur parole ? N'est-il pas possible de rattacher son impression à ce que nous avons déjà vu ? Si la prise de conscience, en effet, s'opère sur le modèle de la perception extérieure, le processus qui va de l'inconscient au conscient, la prise de conscience de son sentiment, sera naturellement attribué à une influence extérieure. Le passage de la frontière intérieure entre l'inconscient et le conscient est ressenti comme une intrusion de dehors. Les voix de l'inconscient, en s'extériorisant, deviendraient les voix de Dieu ou des dieux [4].

Récapitulons ! Le sentiment du merveilleux répond au *désir* de retrouver un objet d'amour perdu; ce désir venu de l'inconscient est vécu, grâce à la projection, comme venant du dehors, il est rattaché à quelqu'un ou quelque chose d'extérieur éprouvé comme extraordinaire. Ainsi l'intense *activité* d'un appareil psychique en train de prendre une conscience affective est convertie en *passivité* : la révélation est éprouvée comme une action des choses sur le sujet ! L'extase est un cas extrême qui illustre cette passivité.

---

[4] E. KRIS, *Psychoanalytic Explorations in Art,* International Universities Press, N.Y., 1952, pp. 293-294.

Que signifie cette intrusion du dehors ? une pareille extériorisation offre-t-elle quelque avantage pour l'économie psychique du sujet ? Voilà que le soupçon nous a repris ! Il n'est pas bon de refouler et nous devons examiner la question de plus près. Le fait d'un merveilleux révélé donne à l'expérience une autorité plus grande que si elle se limitait à une expérience intérieure. La révélation par l'extérieur est au-delà de tout doute, on ne peut la taxer de subjectivisme. Mais surtout, de par la conversion de l'activité en passivité, elle soulage l'homme de sa responsabilité, de l'angoisse et de la culpabilité qui pourraient l'assaillir.

Ne serait-ce pas pour éviter de semblables conflits que l'expérience est souvent réservée à des personnes plus ou moins investies d'une fonction sacrée : le barde, le poète, le prêtre, quand ce n'est pas l'arriéré mental, l'illuminé ou tout simplement l'enfant innocent qui sert de médiateur et de paratonnerre dans la communication du merveilleux ! Mais que vient faire l'angoisse ou la culpabilité dans une expérience qui semble de prime abord tellement positive et heureuse ?

Le savant illuminé par une découverte merveilleuse, l'artiste envahi par une inspiration admirable ou le simple mortel frappé par un éclair de conscience, qu'il éprouve souvent comme un éclair de génie, semblent toucher une sphère interdite de désirs et d'impulsions. Toute découverte est en quelque sorte un effort de dépasser les frontières établies et réveille, de ce fait, une situation infantile où de pareilles impulsions étaient défendues. Un travail ardu bien exécuté débouche sur une terre nouvelle et ouvre des perspectives fécondes d'avenir, mais il réveille un sentiment de toute-puissance infantile, une quête souvent fiévreuse d'estime person-

nelle (plaire aux parents ou au surmoi), sans compter
le plaisir de la décharge de tension opérée par une
heureuse conclusion qui comporte une bonne part de
plaisir pour le plaisir si souvent condamné par les
éducateurs. Les couches profondes de la personnalité
sont ainsi mobilisées !

Une étude sur la psychologie de l'inventeur a
montré le lien intime qui existait entre les fonctions
mentales supérieures de créativité et leurs racines in-
fantiles faites de désirs inconscients [5]. Le fonctionnement
de l'appareil psychique se caractérise par des processus
de discontinuité où se libère parfois une masse d'énergie
qui peut être hautement excitante. Cette excitation a
une connotation érotique. Il s'agit de déplacements de
libido, caractéristiques des processus de sublimation, qui
ne sont pas toujours entièrement désexualisés. Grâce au
phénomène d'extériorisation, l'individu ne se sent plus
responsable de son activité; il est soulagé de sa culpabilité puisque ce sont les dieux, les choses ou la simple
chance qui se sont imposés à lui.

Les plus grandes découvertes, en effet, sont souvent
attribuées à la chance par les chercheurs eux-mêmes.
Ainsi, la loi admirable de la gravitation de Newton fut
reliée à son observation d'une pomme qui tombait. Mais,
on a pu montrer que ce qui semblait pure chance est,
en fait, le fruit d'observations préparées par des expériences préalables. L'observation elle-même, ou la prise
de conscience comme on a vu, est le résultat d'un travail
inconscient. Pasteur disait justement que le hasard ne
favorisait que les esprits préparés !

---

[5] S. LORAND, « A Note on the Psychology of the Inventor », dans *Clinical
Studies in Psychoanalysis*, International Universities Press, N.Y., 1950.

Dans la pratique psychanalytique, nous avons souvent l'occasion d'observer comment l'attention à tel ou tel fait extérieur n'est pas fortuite mais qu'elle est fonction des intérêts et de l'affectivité du patient, selon son stade de développement, qui voit ce qu'il est prêt à voir. Le fait de rattacher une découverte à la chance serait la prolongation d'une référence au destin, lequel, en langage religieux, peut être assimilé aux volontés des dieux. De sorte que nous serions ramenés, avec la croyance dans la chance, à l'idée que les voix de l'inconscient, en s'extériorisant, sont attribuées à Dieu [6].

La révélation a donc des avantages certains du point de vue de l'économie psychique (l'expérience gagne en autorité et évite la culpabilité). Mais voici un soupçon plus grave : elle relève aussi d'une dynamique pulsionnelle. Elle satisfait, symboliquement, les désirs de la libido envers les premiers objets d'amour que sont les parents. Brutalement résumés, ces désirs sont de posséder ou d'incorporer le phallus paternel ainsi que la puissance de l'affection maternelle. Avec la révélation merveilleuse, l'homme a précisément le sentiment d'être choyé des dieux, que quelque chose prend naissance en lui, qu'une grande fécondité l'habite. L'acquisition de nouvelles intuitions sera rattachée par lui à quelque image paternelle, telle l'enseignement d'un grand maître, ou à quelque image maternelle, telle la grâce ou la simple chance.

L'arrière-fond fantasmatique qui se dégage du sentiment merveilleux tourne bien autour d'objets d'amour recherchés depuis l'enfance. Le merveilleux est vécu comme un don venu de l'extérieur et plus précisément

---

6 Kris, *op. cit.*, pp. 296-297.

d'une figure paternelle (don de Dieu) ou maternelle (don des muses, de la grâce ou de la chance).

III. — RÉGRESSION, CROYANCE OU RÉALITÉ

Avec la régression à l'enfance, nous sommes amenés à notre troisième et dernière partie. Elle se limitera à quelques remarques sur les composantes régressives qu'on découvre à l'œuvre dans le sentiment du merveilleux, sur le phénomène de croyance qui découle de la prise de conscience d'un quelque chose d'admirable extérieur à soi et des rapports de cette croyance avec la réalité.

1. La régression

Précisons d'abord qu'une régression n'a pas nécessairement une signification pathologique. Présentement nous employons le terme selon le sens descriptif de retour au fonctionnement premier de l'appareil psychique (le processus primaire de Freud). Une régression peut se produire non seulement par suite d'une faiblesse du Moi, comme lors du sommeil, d'une intoxication ou d'une psychose, mais elle peut se produire aussi au cours d'un processus créateur. L'artiste (ainsi que le démontre abondamment « l'exploration psychanalytique de l'art ») peut utiliser le processus primaire sans être nécessairement débordé par lui comme lors d'une psychose.

La poésie actuelle, avec ses condensations, ses symbolisations, ses renversements, pourrait servir d'exemple.

De même, une fonction sexuelle bien développée qui conduit à un orgasme merveilleux, présente une capacité de comportement régressif où le Moi ne cherche pas à tout contrôler mais tolère un va-et-vient qui intègre les stades primitifs du développement libidinal. L'incapacité de suspendre le contrôle du Moi est un symptôme classique de la névrose obsessionnelle et une composante ordinaire de la frigidité.

Dans la régression merveilleuse, le sujet retrouve le fonctionnement du processus primaire : les choses prennent une signification *symbolique* révélatrice. La réalité se *condense,* des énergies se *déplacent,* opérant un renversement de sens qui donne accès aux béatitudes, pour un regard naïf d'enfant qui s'ouvre à une *réalisation de désir.* Bien sûr, tout cela ne tardera pas à se faire prendre en charge par le processus secondaire de mise en ordre et de vérification : de sorte qu'après une phase d'élaboration, plus ou moins pénible, nous verrons apparaître les diverses techniques qui deviendront l'Amour, la Science, l'Art ou la Théologie. Mais une tension dialectique demeurera entre le processus primaire et sa reprise par le processus secondaire. Les étapes, qui mènent de l'un à l'autre, peuvent s'échelonner sur une très longue période de temps pour amener l'heureux résultat d'une meilleure conscience de l'intuition première. Ainsi, le merveilleux d'une religion peut être perdu par la suivante, retrouvé et développé par une troisième, comme on peut le voir dans les avatars du motif de la fête, de la naissance miraculeuse ou du paradis !

Dans le domaine scientifique, Kris a montré, à partir de Freud lui-même, comment une solution merveilleuse pouvait être trouvée, puis oubliée et enfin retrouvée pour être replacée dans son cadre approprié. On peut suivre ce cheminement tout au long de la correspondance avec Fleiss de 1887 à 1902. Par exemple, en 1895, Freud découvre les mécanismes de formation des rêves et il établit un lien entre le rêve et les névroses. Mais sa théorie des névroses est encore incomplète et le lien n'est pas utilisé. Pendant deux ans il l'oublie et traite séparément du rêve et des névroses jusqu'en 1897, où il retrouve la connexion, l'oublie de nouveau et un an plus tard la développe complètement. Il éprouve alors, ce qui en fait était une redécouverte, comme une grande révélation qui l'emplit de fierté. Cela lui prendra trois ans encore pour élaborer « la science des rêves » et empêcher un nouvel oubli. Ce n'est que par la suite, en effet, qu'il put confirmer et intégrer sa théorie à la découverte de la sexualité infantile et au problème de la régression.

Nous avons décelé un processus analogue en ce qui concerne l'intérêt qu'il montra envers le phénomène religieux. On assiste à des alternances d'intuition et de condamnation pour arriver, vers la fin de sa vie, à ce qu'il appelle « la perception merveilleuse que la religion contient une *vérité historique* ». L'examen véhément de la réalité du phénomène religieux, qu'il ne cessa d'approfondir jusqu'à sa mort, pourrait bien témoigner de sa recherche d'un objet d'amour perdu, particulièrement : une gouvernante catholique de sa petite enfance [7]. Car, selon son propre témoignage que nous avons cité précédemment, il écrit dans son essai qui porte justement sur *la Négation* : « On ne se livre à cet examen de la réalité que parce que des objets qui, autrefois, avaient été cause de réelles satisfactions, ont été perdus. »

---

[7] M. DANSEREAU, *Freud et l'athéisme*, Desclés et Cie, Paris, 1971.

2. Deux exemples classiques

Pour illustrer comment le merveilleux se structure selon une régression onirique qui répond au désir de retrouver un pareil objet, nous donnerons deux brefs exemples : l'un tiré du profane et l'autre du religieux traditionnel.

Dans *Alice in Wonderland* [8], Lewis Carroll fait un usage abondant du processus primaire : jeu de mots, néologismes (v. le *snark*), renversement de sens (écriture en miroir; s'éloigner du but pour l'atteindre; crier d'abord, se blesser ensuite, etc.). Voulant fuir la situation œdipienne, l'auteur représente une petite fille qui pourrait éviter l'angoisse de castration en se réfugiant dans la société des bêtes. Mais, il apparaît vite que cette petite symbolise un phallus et que ses aventures sont un retour dans l'utérus maternel. En effet, entraînée par un lapin dans son terrier, Alice tombe dans un long tunnel et devient toute petite : 25 cm.

Dans l'épisode suivant, son corps s'allonge démesurément en une image obscène dessinée par l'auteur. « Qui suis-je ? » demande-t-elle. À quoi le pigeon répond : « Les petites filles sont des serpents. » Elle tombe dans l'eau formée par ses propres larmes (motif de la naissance). En grandissant très vite, elle risque de faire éclater les parois de la petite maison qu'elle habite (fantasme de destruction de l'utérus). Le temps est d'ailleurs aboli, il est toujours six heures du soir. Enfin, elle rencontre la mère sous la forme de la reine de cœur avec ses enfants représentés par les dix cartes de cœur (Carroll avait dix frères et sœurs). Il y aura procès du valet (l'aîné des cœurs comme l'était l'auteur) pour avoir

---

[8] L. JONES, « À propos de Lewis Carroll », dans *Revue française de psychanalyse*, 4, 1950, pp. 513-522.

volé les tartes préparées par la reine. Alice se réveillera au moment où elle ose défier celle-ci et que la tension devient insupportable.

Lorsque la mère hurle : « Sentence d'abord, verdict après », Alice sort de sa passivité pour l'affronter : « Vous n'êtes qu'un jeu de cartes. » À ces mots, le jeu entier se soulève et déferle sur la rêveuse qui s'éveille affolée. Dans *Through the Looking Glass*, Alice, après avoir franchi toutes les cases du jeu d'échecs, en tant que pion, réussit à se faire reine. Mais elle est contestée par les reines rouges et blanches qui l'empêchent de manger au banquet donné en son honneur (par exemple, à chaque nouveau plat, on la présente : Gigot-Alice, Alice-Gigot, après quoi il serait inconvenant de dévorer la personne dont on vient de faire la connaissance). Dans sa colère, Alice tire la nappe, à la profonde désapprobation des convives, et se réveille. Il semblerait que, lorsqu'on ne peut obtenir l'objet de son désir, le merveilleux deviendrait horreur, le rêve, cauchemar.

Notre autre exemple, tiré du merveilleux religieux, est la fameuse histoire de Jacob. Après avoir été envoyé au loin, par son père, pour se trouver une femme, c'est précisément dans un songe que se manifeste la révélation de Dieu qui lui dit : « Je suis Yahvé, le Dieu d'Abraham ton ancêtre. La terre (symbole de la mère) sur laquelle tu es couché, je te la donne. » Or, qui était Jacob ? L'Écriture dit qu'il était le préféré de sa mère Rébecca. C'était « un homme tranquille demeurant sous les tentes » (*Gen.*, XXVII, 27). Il aurait supplanté son frère Ésaü, le chasseur, dont à la naissance il tenait le talon : symbole de l'appropriation du phallus, confirmé plus tard par l'accaparement du droit d'aînesse ! Ce symbolisme sera encore souligné dans la lutte, corps à corps, avec Dieu où Jacob semble d'abord triompher, même s'il en sort boiteux (symbole atténué de la castration). Le père et le frère sont d'ailleurs mis en analogie par Jacob lui-même lorsqu'il avoue à Ésaü : « J'ai affronté ta présence comme on affronte celle de Dieu » (*Gen.*, xxxiii, 10). Aussi comprend-on que, en s'éveillant du songe, il eut peur et dit : « Yahvé est en ce lieu et je ne le savais pas... Que ce lieu est redoutable ! Ce n'est rien de moins qu'une maison de Dieu et la porte du ciel ! » (*Gen.*, xxviii, 10-18.)

La terre-mère, en tant que maison du père, et la porte, en tant qu'ouverture vaginale à toutes les félicités, sont aisément reconnaissables; de même la stèle phallique que Jacob dressa sur les lieux, répandant de l'huile sur son sommet. L'échelle est un lien entre la terre et le ciel, réservé aux anges, c'est-à-dire aux pulsions sublimées. Jacob n'est pas encore en possession pleine de l'objet de son désir, mais un intense phénomène de croyance se développera en lui.

3. Le phénomène de croyance

Une grande quantité d'énergie libidinale envahit le Moi au cours d'une perception merveilleuse. La libre circulation de l'énergie venant du Ça au Moi ainsi que du Surmoi réconcilié qui donne sa bénédiction à la révélation nouvelle, l'apport d'énergies neuves venant aussi de l'extérieur sous forme de grâce ou de perceptions chanceuses, toute cette surabondance d'énergie concourt à créer le phénomène de croyance qui s'attache à l'expérience du merveilleux. Ce n'est pas un simple savoir qui résulterait d'une expérience réussie confirmant une pure hypothèse; c'est une certitude vigoureuse qui s'impose par suite du complet investissement du Moi qui, grâce à sa fonction synthétique, réconcilie l'événement avec les tendances pulsionnelles profondes autant qu'avec les directives du Surmoi.

La croyance qui caractérise une pareille prise de conscience émotive peut évoluer d'une croyance brute ou crédulité, par l'ascèse du doute et de la négation, vers une croyance réfléchie qui est adhésion au monde. Mais, on a montré ailleurs comment on ne pouvait sortir à son gré de l'émotion véritable; les objets qui la provoquent ou qu'elle produit sont captivants, envoûtants, ils s'emparent de la conscience. Le savant ému est possédé par sa science autant qu'il la possède; il expérimente que ce n'est pas tant lui qui fonde la vérité que la vérité qui le fonde. La conscience émotive saisit du monde quelque chose qui la déborde infiniment, et cela grâce au corps affecté d'un bouleversement ineffable [9].

L'énergie libérée à l'intérieur mobilise les fantasmes inconscients que nous avons vus, comme celui d'être imprégné par un phallus paternel ou divin, ou d'être envahi par quelque grâce maternelle. Le sujet a le sentiment de donner naissance à quelque chose ou, mieux, à cause du phénomène d'extériorisation qui retourne l'activité en passivité, il sent que quelque chose prend naissance en lui (con-naissance au sens fort). Le contentement de la certitude ranime le stade infantile de toute-puissance et d'omniscience; le relâchement de tension ramène à une phase de développement où la passivité était une condition de la gratification totale : la période d'allaitement.

Kris fait remarquer, à ce sujet, que le désir passif à l'égard du père (être imprégné par lui) recouvre

---

9 M. Dansereau, « L'émotion », dans *Psychother and Psychosom*, 13, 1965, pp. 449-465.

l'attitude passive plus ancienne envers la mère. La situation d'allaitement pourrait servir d'image archétype pour tout *insight* : un lait divin qui envahit, venant de l'extérieur; encore mieux, l'intérieur n'est plus séparé de l'extérieur. Le divin est repris par le Moi, non plus en antithèse entre Moi et Surmoi, mais le divin et Moi sommes unis; c'est la réconciliation entre la conscience et ses projections (le prophète ou le mystique se confond avec sa vision) !

En exprimant ainsi les choses nous savons que nous faisons surgir plus de questions que nous n'apportons de solutions. Plus particulièrement nous n'avons pas résolu les rapports entre le phénomène de croyance et la réalité.

Nous avons déjà vu que la prise de conscience s'effectuait selon le modèle de la perception extérieure, et que cela relevait de la structure existentielle de notre être-au-monde. En effet, la prise de conscience ne résulte pas seulement d'une pure activité pulsionnelle, hallucinatoire, elle s'effectue en fonction des *relations* avec le monde que le développement du Moi et de ses pulsions permet. Nous serions donc originellement naïvement réalistes; nous pourrions croire les savants et les visionnaires lorsqu'ils attribuent leurs découvertes à l'influence d'agents externes; cela pourrait être, au-delà des projections, la suite d'une juste humilité où ils prennent conscience de quelque chose en eux de plus qu'eux ! Quand, après avoir écrit son livre sur les rêves, les amis de Freud le pressaient de publier sa théorie de la sexualité, il aurait répondu fort judicieusement à notre avis : « Si la théorie sexuelle vient, je l'écouterai [10]. »

---

[10] Kris, *op. cit.*, p. 318.

4. Le sens érotique de la réalité

La prise en considération des divers mécanismes psychologiques à l'œuvre dans le sentiment du merveilleux, où l'expérience nouvelle est vécue sur le fond archaïque d'une satisfaction de désir, ne préjuge pas de la valeur de réalité du merveilleux, disions-nous dans notre introduction. Le sens même de la réalité se développe à travers plusieurs stades complexes dont l'étude dépasserait les cadres de la présente communication [11].

Il faudrait suivre la route qui va de la magie à la mystique où l'on verrait que le stade scientifique n'est pas réfractaire au mystère et au merveilleux. La magie n'est peut-être pas seulement un stade à dépasser, mais plutôt à intégrer; « l'esprit qui traîne dans les choses », par quoi on l'a définie, est drôlement présent chez ces sorciers d'envergure que sont les artistes. La science elle-même reste souvent imprégnée de magie, comme Bachelard l'a bien illustré en étudiant les hypothèses scientifiques en tant que fantaisies !

Mais il y a plus intéressant; c'est de constater que le principe de réalité que Freud avait opposé au principe de plaisir peut se réconcilier avec ce dernier dans ce que Ferenczi a nommé la réalité érotique ou le sens érotique de la réalité [12]. La pensée elle-même peut être sexualisée comme en témoignent les processus d'excitation et de satisfaction qui accompagnent une création ou une révélation. Le sentiment du merveilleux correspondrait à un sens érotique de la réalité !

---

11 R. LAFORGUE, *Relativité de la réalité* (Éd. du Mont-Blanc, Genève, 1963). L'auteur montre comment diverses notions de la réalité correspondent au développement du Moi et de ses pulsions selon divers stades : oral, anal ou génital.

12 S. FERENCZI, *Thalassa*, Payot, Paris, 1962.

C'est grâce à ce sens évolué de la réalité que s'inaugure un mouvement de réconciliation entre les hommes autant qu'à l'intérieur de l'homme. La créativité merveilleuse, dans tous les domaines, pourrait résoudre le conflit millénaire entre le subjectif et l'objectif, entre le passé et l'avenir, les désirs et la réalité, entre les tendances passives et actives de l'homme. Un raccord avec l'infantile, qui l'avait pressenti, pourrait être le *Trade Mark* d'une véritable découverte ou redécouverte de l'objet d'amour perdu. Par une régression merveilleuse, l'homme, en pleine activité créatrice, est quand même passivement ordonné à une puissance externe qui le ramène à une période où sa dépendance d'un objet extérieur était totale : la Mère-Veilleuse !

La mère, en effet, est une éveilleuse de conscience par excellence. Mais elle n'est qu'une éveilleuse qui renvoie à autre chose qu'elle (Lacan dirait qu'elle renvoie à la parole du père). Son corps lui-même, si désirable soit-il, symbolise autre chose que seul le merveilleux, d'un Claudel par exemple, peut nous révéler. « De cette promesse que mon corps t'a faite je suis impuissante à m'acquitter », avoue Dona Prouhèse à Rodrigue. « Prends mon cœur, prends mon amour, prends ce Dieu qui me remplit ! La force par laquelle je t'aime n'est pas différente de celle par laquelle tu existes. » Dans une scène précédente, don Camille lui avait crié : « Ah ! cessez d'être une femme et laissez-moi voir sur votre visage enfin ce Dieu que vous êtes impuissante à contenir, et atteindre au fond de votre cœur cette eau dont Dieu vous a fait le vase [13] ! »

---

[13] P. CLAUDEL, *le Soulier de satin*, dans *Théâtre*, T. II, La Pléiade, N.R.F., Paris, 1956, pp. 828, 841, 844.

★

Avec la question du phallus paternel et de la mère-veilleuse sur l'enfant que nous sommes tous restés sans toujours le savoir, je suis revenu à mes objets d'amours anciennes; d'aucuns diraient aux vieux dadas psychanalytiques. Néanmoins puis-je conclure comme je n'osais commencer : merveilleuse psychanalyse qui réveille la Belle au Bois dormant de nos désirs profonds, même si cela ne relève pas de sa compétence de nous en rendre l'essence ! Si elle enseigne beaucoup sur le sens de nos désirs, elle pourrait encore apprendre de merveilleux leur sens ultime ! En dévoilant l'objet recherché dans la lignée des procréateurs, elle indique une piste qui pourrait découvrir, derrière ceux-ci, le Créateur de toutes choses. En signalant que les voix de l'inconscient, en s'extériorisant, deviennent les voix de Dieu, elle suggère un mouvement de retour qui pourrait re-découvrir que le Royaume de Dieu est aussi au-dedans de nous !

II

LE MERVEILLEUX TRADITIONNEL

LES REPRÉSENTATIONS MYTHIQUES DE LA NOUVELLE-FRANCE AU XIXe SIÈCLE

Serge GAGNON

Nous voudrions brièvement communiquer, dans les propos qui vont suivre, l'état de nos recherches sur les représentations de la Nouvelle-France au xixe siècle.

L'objet de notre enquête est d'inventorier la littérature historique canadienne-française de Garneau à Groulx, soit de 1845 à 1915, année du « Tricentenaire de la foi » au Canada. En plus d'examiner une centaine d'ouvrages, biographies, monographies et synthèses, nous avons l'intention d'inscrire notre premier inventaire historique dans la recherche d'une identité nationale devenue nécessaire après les échecs de 1837. Notre approche s'inspire particulièrement de *la Mémoire collective* de Maurice Halbwachs, et ambitionne de vérifier, empiriquement, la notion d'idéologie telle qu'élaborée par M. Fernand Dumont.

Définie comme une idéologie, l'historiographie traduit la nature des structures sociales. Dans le cas qui nous préoccupe, il s'agit d'établir une relation entre le statut de subordination, d'aliénation de la collectivité canadienne-française et la croissance du pouvoir religieux d'une part, puis les perceptions du passé qui correspondent à ces données de la situation d'autre part. Au terme de notre recherche, il y aura lieu de se demander si la valorisation du religieux dans notre histoire de même que la valorisation tout court du passé dans la collectivité (paradis perdu) ne constitueraient pas ce qu'Albert Memmi a nommé les valeurs-refuge. En d'autres termes, le religieux et la morale chrétienne seraient d'autant plus idéalisés et privilégiés dans notre mémoire collective que la conquête aurait amputé notre société des secteurs vitaux de l'agir collectif. Par voie de conséquence, le clergé aurait assumé un leadership appuyé sur la tradition; il aurait « sublimé » le malheur de la conquête en se représentant l'événement comme voulu par Dieu pour préserver la collectivité des suites des révolutions bourgeoises des xviiie et xixe siècles.

Jusqu'ici, notre étude systématique n'a porté que sur l'hagiographie canadienne-française. Première constatation, celle-ci témoigne de l'importance du surnaturel, du merveilleux chrétien, dans le milieu canadien-français. Les faits et gestes des fondateurs s'effacent derrière le véritable agent de développement en Nouvelle-France, la Providence. Dans l'esprit de certains hagiographes (Faillon, par exemple), les hommes sont dépouillés de toutes initiatives; ils ne sont que les instruments de Dieu. D'autres (CASGRAIN, *Vie de Marie de l'Incarnation*; L. HUDON, *Vie de Catherine de Saint-Augustin*; GOSSELIN, *Vie de Mgr de Laval*), s'appuyant sur une certaine théologie du malheur, verront dans le tremblement de terre de 1663 le bras du Dieu vengeur qui punit la colonie de s'être livrée à la traite de l'eau-de-vie.

Dieu se manifeste encore fréquemment par la voie du miracle; là-dessus, nos hagiographes n'ont pas manqué de consigner un à un (de compter, dans la biographie du récollet Didace Pelletier, publiée à 10,000 exemplaires par Odoric-M. Jouve, en 1910) les faits extraordinaires survenus en Nouvelle-France, ou grâce à l'intercession des saints de cette première période de notre histoire. La plupart du temps, les miracles sont relatés sans que soit mise en œuvre une quelconque critique d'authenticité. Ces événements fournissent plutôt aux auteurs l'occasion de réfuter le rationalisme et le scientisme (*v.g. la Vie de Jeanne Mance* de LEBLOND DE BRUMATH).

La vie de certains héros de la Nouvelle-France est aussi habitée par des visites de l'Au-delà. C'est singulièrement le cas, comme on sait, de l'hospitalière Catherine de Saint-Augustin. Le père Hudon la présente comme une victime de l'apostolat de la souffrance, offerte en expiation pour les fautes des premiers colons; il en profite aussi pour condamner le positivisme, le scientisme et le rationalisme, philosophies perçues comme autant d'erreurs, parce qu'elles ont mis en doute les manifestations surnaturelles. En somme, qu'il s'agisse des miracles ou des apparitions, nos hagiographes (producteurs de l'idéologie nationale canadienne-française) se rangent dans la catégorie des conservateurs, selon la typologie du bollandiste Delehaye. Appartenant eux-mêmes et s'adressant (consommateurs) à un milieu profondément traditionaliste, ils sont à la fois les témoins et les fabricants d'un nationalisme identifié à une religion aux traits magiques accusés. À la fin du xixᵉ siècle, les saints canadiens-français n'ont rien de commun avec les « saints successeurs des dieux » de Saintyves (*Essai de mythologie chrétienne*, 1907).

Il est un dernier aspect de notre hagiographie que nous avons réussi à mettre en lumière : c'est que celle-ci est intimement associée à cette forme de reconnaissance juridique de la sainteté qu'assume le procès de béatification dans l'Église catholique. En effet, le récit de nos hagiographes épouse plus ou moins le mode de présentation commun aux dossiers de la Sacrée congrégation des rites dans le processus de la béatification. Le candidat à la sainteté doit avoir pratiqué les vertus cardinales à un degré héroïque !

L'abbé Auguste Gosselin s'efforce, dans sa biographie, d'interpréter les conduites de Mgr de Laval en fonction des quatre vertus en question. Mgr de Laval a été mêlé à de nombreuses querelles ? Le dossier sur la force sera mieux étoffé, plus long que celui de la prudence et de la tempérance. Nous avons mis en parallèle la biographie de Gosselin et son témoignage au cours du procès de béatification de son héros; les deux textes sont identiques quant à leur contenu.

★

Quelques propositions peuvent nous servir de conclusion provisoire. En premier lieu, il faut constater le caractère mythique des représentations de nos héros nationaux. Nos premiers historiens nous mettent en présence, comme l'a écrit Stith Thompson, « of sacred beings and of semi-divine heroes and of the origins of all things, usually through the agency of sacred beings ». L'hagiographie canadienne-française a largement contribué à l'élaboration d'une mythologie nationale. De surcroît, notre première mythologie savante est d'autant plus merveilleuse qu'elle a constitué un mode de compensation à notre statut de collectivité dépossédée et dominée. Qu'elle soit largement inspirée des traits caractéristiques du merveilleux chrétien, nous y voyons la manifestation du rôle immense dévolu au clergé comme définiteur exclusif de la situation canadienne-française au lendemain de notre aventure avortée de libération nationale.

LE MYTHE DE LA TERRE PATERNELLE

Maurice Lemire

En choisissant de traiter du roman de la terre paternelle, je m'expose bien délibérément à passer à côté du sujet qui m'a été assigné : le merveilleux dans le roman québécois du xixe siècle. Ce n'est pas faute de matière que je m'écarte d'un tel sujet puisque tous nos romans du xixe siècle sont plus ou moins influencés par le roman noir. Tout le monde sait la vogue dont ont joui ici les feuilletons d'Eugène Sue, de Paul de Kock, du vicomte d'Arlincourt et d'autres de même acabit. Joseph Doutre, Georges de Boucherville, Joseph Marmette, pour ne mentionner que ceux-là, les ont imités sans grand bonheur d'ailleurs.

Il faut bien admettre que le merveilleux tiré du grimoir de Walter Scott a peu d'intérêt et ne mérite certes pas une longue étude. Là où le merveilleux prend une figure vraiment autochtone, c'est dans le conte populaire rapporté par des écrivains comme les deux Aubert de Gaspé, Hubert Larue, et surtout Louis-Honoré Fréchette (les contes de Jos Violon). Mais à vrai dire, il ne s'agit pas là d'un merveilleux vraiment littéraire, mais tout simplement d'une transcription plus ou moins fidèle de la tradition populaire.

Le roman de la terre paternelle ne fait pas appel au merveilleux proprement dit; il est même l'envers du monde merveilleux comme Patrice Lacombe se plaît à nous en avertir :

> Mais nous les [les lecteurs] prions de remarquer que nous écrivons dans un pays où les mœurs en général sont pures et simples et que l'esquisse que nous avons essayé d'en faire, eût été invraisemblable et même souverainement ridicule, si elle se fût terminée par des meurtres, des empoisonnements et des suicides. Laissons aux vieux pays, que la civilisation a gâtés, leurs romans ensanglantés, peignons l'enfant du sol tel qu'il est, religieux, honnête, paisible de mœurs et de caractère, jouissant de l'aisance et de la fortune sans orgueil et sans ostentation [1]...

Pourtant ce monde de la quotidienneté, que l'on se plaît à opposer au monde extraordinaire, est peut-être d'une certaine façon plus extraordinaire que le premier, comme nous allons le voir au cours de cette étude.

D'abord qu'appelle-t-on au juste romans de la terre paternelle ? On peut diviser les romans du terroir en deux groupes assez homogènes, les romans de colonisation et les romans de la terre paternelle. Appartiennent au premier groupe des œuvres comme *Jean Rivard, Maria Chapdelaine, Nord-Sud, Juana mon aimée, la Forêt, Nuage sur les Brûlés*. Elles décrivent l'établissement des nouveaux colons dans les pays incultes. Nous n'en traiterons pas dans notre propos. Le second groupe, de beaucoup plus nombreux, tire son nom du petit roman de Patrice Lacombe qui inaugure le genre en 1846. Des œuvres toutes centrées sur la succession du père commencent à paraître avec le début du siècle : *Restons chez nous* de Damase (1908), *le Bien paternel* d'Antonio Huot (1912), *la Terre* d'Ernest Choquette (1916), *l'Appel de la terre* encore de Potvin (1919),

---

[1] Patrice LACOMBE, *la Terre paternelle*, dans *Répertoire national* (1893), t. III, p. 396.

l'Œil du phare d'Ernest Chouinard, *Un cœur fidèle* de Blanche Lamontagne (1924).

L'année 1925 compte trois romans du genre, *la Terre vivante* de Harry Bernard, *l'Erreur de Pierre Giroir* de Joseph Cloutier et *le Français* de Potvin. Puis un nouveau titre vient allonger la liste presque tous les ans : *Au creux des sillons* de Louis-Joseph Raîche (1926), *la Terre que l'on défend* de Henri Lapointe (1928), *la Terre se venge* d'Eugénie Chenel (1932), *la Terre ancestrale* de Louis-Philippe Côté (1933), *la Rivière-à-Mars* de Potvin (1934), *le Déserteur* de Claude-Henri Grignon (1934).

À l'approche de la guerre, le genre donne des signes évidents d'essoufflement. La production est plus clairsemée mais d'une qualité supérieure : *Trente arpents* de Ringuet (1938), *le Survenant* (1945) et *Marie-Didace* (1947). Ces derniers auteurs n'ont plus foi en la terre, ils ont opté pour la littérature. Le Québec irréversiblement engagé dans un processus d'urbanisation semble oublier ses origines paysannes. Mais le genre avait des racines trop profondes pour mourir d'un coup. Après 1950, la production reprend son rythme annuel : d'Émile Gagnon, *Une fille est venue* (1951); d'Aimé Carmel, *Sur la route d'Oka* (1952); de Jean Filiatrault, *Terres stériles* (1953); de Beatrix Boily, *Sur la brèche* (1954) et, de René Ouvrard, *la Veuve* (1955).

Ce dernier groupe de romans constitue un phénomène assez rare en histoire littéraire. Sans école, sans modèle et sans maître, une vingtaine de romanciers d'occasion écrivent des romans ou des nouvelles à partir d'un seul canevas. Ils paraphrasent tous plus ou moins la parabole de l'Enfant prodigue : un père avait deux fils. L'un partit pour la ville, y dissipa sa jeunesse et s'en revint repentant vivre avec son père. Les romanciers ne cherchent toutefois pas à exalter la miséricorde paternelle mais bien plutôt à poser le problème de la succession. Ils s'inscrivent par là délibérément dans un monde complètement étranger à la réalité quotidienne qu'ils prétendaient décrire. Avec le nombre d'enfants que comptaient les familles canadiennes, la succession n'était pas une question, bien au contraire. C'est en ce sens que l'on peut parler d'une certaine façon de monde sinon merveilleux, du moins insolite qui repose sur des structures voisines du sacré.

Cet univers présente en effet une réalité bien délimitée, émondée, bien revue et corrigée selon une perspective savamment prévue qui devient de la sorte totalement artificielle. Toutes les familles semblent n'avoir que des fils uniques. C'est l'impression que nous donnent des romans comme *Restons chez-nous, la Terre se venge, la Terre ancestrale, la Veuve, le Survenant.* Certains auteurs plus soucieux de donner le change parlent de deux fils, le bon et le mauvais, mais, au fond, il s'agit là d'un doublet où le fils est à la fois positif et négatif. Certains autres partent d'une situation familiale assez normale mais font survenir tellement de catastrophes que le problème de succession se pose quand même. Ou le fils aîné entre au séminaire ou il meurt à la guerre ou dans un accident. Le benjamin est trop jeune pour le remplacer et c'est une fille qui doit prendre la relève.

Pourquoi le romancier s'embarrasserait-il d'une multitude de personnages quand ce n'est même pas la structure familiale qui est en cause ? Au fond la relation amoureuse entre la terre et le père est la seule subsistante. Le fils n'existe que dans la mesure où il est nécessaire à la continuation du père. Les autres membres de la famille n'ont pas de rôle véritable. La mère, quoi qu'on puisse en penser, n'est pas un personnage consistant. Pour certains romanciers, elle importe si peu qu'elle est déjà décédée au début du roman (*le Français, Sur la route d'Oka, le Survenant*). Pour certains autres, elle meurt avant le dénouement (*la Terre, Trente arpents*); dans les autres romans, elle n'a pas d'existence autonome. Simple émanation du père, elle intervient pour dissuader le fils de partir. Parfois, elle se fait championne des valeurs dégradées et encourage la désertion de la terre (*l'Erreur de Pierre Giroir, le Déserteur*). Quant aux autres membres de la famille, ils n'ont souvent pour tout partage qu'un simple prénom.

Même le rôle d'agent médiateur ne semble pas essentiel dans ce roman puisque beaucoup de fils sont capables d'auto-corruption. Toutefois, la plupart des romanciers y ont recours. Ces agents fortement typisés incarnent les forces du bien ou du mal. Les bons agents se limitent au curé, à la fille du voisin s'il s'agit d'un héritier, ou au fils du voisin dans le cas contraire. Les agents corrupteurs sont toujours, soit une cousine des États, soit une fille de la ville, soit un ami d'enfance maintenant établi à la ville.

Le rôle principal est tenu par la terre qui est à la fois espace merveilleux et épouse ou maîtresse. En tant qu'espace, la terre a la vertu immanente de conférer le bonheur à ceux qui l'habitent. Après Virgile, nos romanciers ne cessent de répéter : « O fortunatos nimium... »

> Ce lieu charmant ne pouvait manquer d'attirer l'attention [...] La paix, l'union, l'abondance régnaient donc dans cette famille; aucun souci ne venait en altérer le bonheur. Contents de cultiver en paix le champ que leurs ancêtres avaient arrosé de leurs sueurs, ils coulaient des jours tranquilles et sereins. Heureux, oh ! trop heureux les habitants des campagnes, s'ils connaissaient leur bonheur [2].

---

[2] *Ibid.*, p. 360.

> Celui-là est heureux, en effet, qui n'a d'autre souci que de demander à la terre, les fruits qu'elle lui donne avec tant de prodigalité. Il est heureux au-delà de toute expression [3].

Ce monde est absolu et parfait en ce sens qu'il n'est subordonné à aucun autre. Il se suffit à lui-même. C'est l'image que nous donne Félix-Antoine Savard de Saint-Basque : « Au loin, le monde avait beau baratter ses révolutions et ses guerres, son bruit ne parvenait pas à percer tant de feuilles et d'épais silences [4]. » À cause de sa perfection, il est essentiellement non problématique. Comme dans les univers épiques, on n'y trouve que des réponses, jamais de question. On peut dire de notre habitant ce que Georg Lukacs affirmait du Grec : « Le Grec ne connaît que des réponses, mais pas de questions, que des solutions parfois énigmatiques mais pas d'énigmes, que des formes, mais pas de chaos [5]. » Quand surgissent les interrogations, les archétypes de la famille, de la religion et de la patrie fournissent les réponses voulues. Le mal et le malheur ne peuvent venir que du rejet de ces réponses.

La terre est également maîtresse. Pour la désigner, le romancier ne trouve rien de mieux que le vocabulaire amoureux. Ringuet nous dit d'Eucharistte vieillissant « qu'il y avait cinquante-quatre années, il s'était donné à elle, il l'avait épousée [6] ». Louis-Philippe Côté parle ouvertement de maîtresse : « La terre était sa grande charmeuse, sa maîtresse, sa passion [7]. » On va même

---

[3] Damase POTVIN, *Restons chez nous*, Québec, Guay, 1908, p. 15.

[4] F.-A. SAVARD, *la Minuit*, Montréal, Fides, 1949, p. 12.

[5] Georg LUKACS, *la Théorie du roman*, Paris, Gallimard, Collection Idées, p. 21.

[6] RINGUET, *Trente arpents*, Montréal, Fides, 1957, p. 218.

[7] Louis-Philippe CÔTÉ, *la Terre ancestrale*, Québec, Marquette, 1933, p. 9.

jusqu'à une certaine sensualité dans la description des rapports : « Elle faisait corps avec lui; dans son esprit elle prenait figure d'être aimée; intérieurement il lui parlait pendant que ses yeux lui manifestaient son idolâtrie [8]. » Cette terminologie ne désigne pas que des relations platoniques; le père féconde réellement sa terre et c'est ainsi qu'il s'inscrit dans la perspective essentielle du mythe de la terre-mère.

En s'émerveillant du pouvoir de reproduction qu'il partage avec les animaux et les plantes, l'homme se sent porté à rendre un culte aux origines mystérieuses de la vie. Il imagine les premières cosmogonies à l'image de l'accouplement humain. La terre s'oppose au ciel, c'est le principe massif. Il la représente comme une femme étendue. Le ciel, c'est l'élément actif qui couvre la terre comme l'homme couvre la femme. De cette union naissent les diverses créatures. Dans la mythologie grecque, la première déesse, c'est la terre Γῆ. Plus tard, on l'appelle Déméter. Γῆ a pour époux Ouranos, le ciel, et de leur union naissent tous les dieux. Cette mythologie exemplaire sert d'archétype aux relations de l'homme avec la terre.

En tant que maîtresse, la terre réclame un amour exclusif. Elle doit passer avant la femme et les enfants qui ne deviennent à ses yeux que des serviteurs nécessaires à son entretien. Dans *la Terre ancestrale,* la mère avoue en parlant de son mari : « ... pour elle (la terre), il ressentait presque autant d'affection que pour ses enfants [9] ». C'est là un euphémisme comme elle va l'expliquer plus loin. « Sa terre, c'était son grand amour; il la préférait à nous tous, je crois, bien qu'il ait toujours

---

[8] *Ibid.,* p. 8.
[9] *Ibid.,* p. 9.

fait preuve d'une grande bonté pour sa famille [10]. » Ceux qui se réservent, comme Albert Chabrol (*Trente arpents*) et le Survenant, font figure de tricheurs et sont tôt ou tard rejetés.

Cette maîtresse impitoyable abandonne sans merci ceux qui n'ont plus rien à lui offrir. Le vieillard décrépit doit pouvoir disposer en sa faveur de toute sa descendance pour parvenir à faire oublier son âge. Bien qu'ils reconnaissent à Dieu un certain droit sur les prémices, les pères (*Trente arpents, la Terre se venge, l'Œil du phare, l'Appel de la terre*) répugnent à conduire leurs fils au séminaire parce qu'ils dépouillent la terre de son dû. Ils se réjouiront même de leurs malheurs quand ces derniers contribueront à les ramener sur la terre. Le père Beaumont (*la Terre*) n'a que peu de sympathie pour son Yves injustement dépouillé de son invention et obligé d'interrompre sa carrière de chimiste. Il va pouvoir le récupérer et le donner à la terre. Le même père reste également insensible aux malheurs de son fils Lucas. Ni la mort de son petit-fils, ni le meurtre du docteur Julien, ni le sort de sa belle-fille ne lui arrache un seul sanglot. Il n'est affecté que par l'abandon de sa terre. Dans *l'Appel de la terre*, on retrouve autant d'inhumanité. Pendant que son fils est en train de se rendre à la ville, « le père est bien triste, écrit la mère, et je crois qu'il se fait un grand tourment par rapport à la terre que lui et André ne seront bientôt plus capables de cultiver [11] ».

D'ailleurs le père n'a pas d'autre choix puisque la terre se venge. En exil aux États-Unis, Paul, le fils déserteur, assiste impuissant aux vengeances de la terre : sa femme et son fils meurent coup sur coup. Pour apaiser

---

[10] *Ibid.*, p. 10.
[11] Damase POTVIN, *op. cit.*, p. 157.

le courroux de cette furie, il doit réintégrer le foyer
paternel comme un fils soumis (*la Terre se venge*). Le
père Beaumont a beau répéter à Yves que la terre ne
lui tient pas rigueur de son infidélité, ce dernier n'en
doit pas moins expier par toute une suite de malheurs
qui s'abattent sur sa famille (*la Terre*). Dans deux romans
au moins, le fils peut rentrer en grâce en s'exilant sur
les terres de colonisation (*la Veuve* et *Sur la route d'Oka*).

Mais la terre est tellement ensorceleuse que le père
ne songe pas à se plaindre de sa tyrannie, au contraire.
Jean-Baptiste Morel dit à monsieur Larivé : « Je vous
répondrai que pour l'heure, je n'ambitionne pas d'autre
fortune que celle que j'trouve dans la culture des champs
que m'a laissés mon défunt père. C'est une petite fortune,
vous me direz, mais elle est solide et elle me contente [12]. »
La terre fait en effet du cultivateur un collaborateur de
Dieu : « On se sent l'aide du Créateur; en soi-même,
on est extrêmement fier de cette coopération, et c'est
justice [13]. » Elle le place plus haut qu'un roi : « Vois-tu,
un cultivateur sur sa terre est plus roi qu'un roi; le
royaume est plus petit, mais il le tient mieux dans sa
main [14]. »

Comme autre terme de la relation amoureuse, il y a
le père. Il participe de la perfection de la terre en ce
sens qu'il est devenu le modèle exemplaire, l'archétype
et la mesure de la conduite humaine. Il confère par là
signification et valeur à la vie des descendants. Son
existence touche aux temps fabuleux des commence-
ments et se prolonge jusqu'à la génération présente
parce qu'elle peut être réactualisée par la répétition des
mêmes gestes qui acquièrent ainsi une valeur sacrée.

---

[12] IDEM, *le Français*, Montréal, Garand, 1925, p. 28.
[13] CÔTÉ, *op. cit.*, p. 158.
[14] *Ibid.*, p. 121.

En s'inscrivant dans le cycle de l'éternel retour, il s'abstrait du temps linéaire et atteint l'immuabilité des essences supérieures.

Cette condition transcendante est toutefois subordonnée à sa fidélité à la terre. Cette dernière est en effet son *templum* au sens primitif du mot. Dans cet enclos sacré, le père, tout comme le héros mythique Antée, reprend force et vigueur. Il déchoit quand il en sort. Tel est le sort d'Euchariste Moisan aux États-Unis, du Déserteur de Claude-Henri Grignon, d'Azarius de *Bonheur d'occasion* et de beaucoup d'autres. Dans les romans de mœurs urbaines, les pères sont tous plus ou moins déchus parce qu'ils ont quitté la terre.

En face du père, il y a le fils, l'anti-héros par qui vient le mal. Le problème fondamental qu'il pose dans les romans de la terre paternelle en est un de temporalité. Il s'agit d'une rivalité entre le père et le fils. Le père détenteur de tous les pouvoirs découvre qu'il est remis en question par le présent. Malgré toutes les saintes prescriptions dont la tradition l'a entouré et protégé, il doit s'incliner devant la suprématie impitoyable du présent qui prend la forme du fils. Ce fils peut revaloriser le père, lui rendre cette actualité qui lui fait défaut ou il peut le renier et du coup le plonger dans le néant. Le corps, source tragique de décadence, peut devenir source intarissable de salut : ce fils, qui est continuation d'un sang, opère par miracle la synthèse de l'individualité et de la race, du passé et du présent, rouvrant ainsi la dimension qui allait se fermer de l'avenir. Si le fils consent au vœu du père, il y a, au vrai sens, reprise en charge consciente d'une vie par une autre.

Mais voilà : le fils ne veut pas et, comme le sort de la lignée dépend de sa décision, ce sont autant les ancêtres que les descendants qui sont concernés. Son refus interrompt le cycle de l'éternel retour et provoque une brusque rentrée du monde parfait dans le temps historique. La longue lignée des ancêtres va se briser pour ne plus laisser que des individus. Cette considération paraît toutefois secondaire aux yeux du père pour qui la grande victime est la terre. La vente de la terre l'oblige à monnayer le fondement même des valeurs absolues. On comprend alors qu'on parle d'âme pour signifier son inestimable valeur.

Comment un tel univers peut-il déboucher sur le roman ? Voilà une question que l'on ne saurait trop se poser. D'après Lukacs, le roman se définit comme une quête de valeurs absolues dans un univers dégradé :

> Le roman est l'histoire d'une recherche dégradée (que Lukacs appelle « démoniaque »), recherche de valeurs authentiques dans un monde dégradé lui aussi mais à un niveau autrement avancé et sur un mode différent [15].

Il semble que le roman de la terre paternelle se présente exactement comme l'inverse : un héros démoniaque, fasciné par des valeurs dégradées, aspire à quitter le monde parfait. En fait ce roman, si tant est que l'on puisse parler de roman, ne commence qu'au moment où le fils vient perturber l'ordre immuable en n'admettant plus les réponses passe-partout qui ont suffi aux générations précédentes. Il ne faut toutefois pas voir là l'accession du cultivateur québécois à la conscience problématique.

Le héros démoniaque dans l'esprit de nos romanciers n'a aucune raison de se poser des questions. Ses points d'interrogation viennent de pseudo-questions, comme sait toujours le démontrer le curé, le détenteur

---

[15] Lucien GOLDMANN, *Pour une sociologie du roman*, Paris, Gallimard, 1964, p. 16.

officiel de la vérité. Il manque, en effet, au romancier
cette ironie qui lui permettrait de dépasser la conscience
de son héros et de montrer toute l'étendue de ses illusions. Au contraire, il partage toute la foi de ses personnages — seuls Laberge, Ringuet et Guèvremont ont pu
réussir des œuvres de valeur parce qu'ils avaient perdu
cette foi. Aussi quand il cherche des causes explicatives
de l'émigration vers les villes, il ne s'interroge pas sur
la situation économique, la politique. Pour lui, les fils
prodigues quittent la maison paternelle par pur caprice,
par manque de courage, parce qu'ils n'ont plus la trempe
des ancêtres et qu'ils aspirent à toutes ces idéologies
dégradées qui ont nom plaisir, divertissement, argent,
confort.

En réalité ce roman de la terre paternelle, qui s'est
épanoui en dehors de toute influence littéraire, échappe
aux définitions du genre parce qu'il se situe au niveau
des écrits mytho-épiques. Il s'agit là d'une nouvelle
version du mythe de Minotaure. La terre est une réin-
carnation du dieu du labyrinthe qui exigeait périodi-
quement sa rançon de chair fraîche. Le père, son grand-
prêtre, est chargé de prélever les prémices sur sa propre
progéniture. Le héros devrait normalement être le fils
qui tente de se soustraire à la tyrannie du monstre mais,
au contraire, il encourt la condamnation et même la mort
pour avoir aspiré à la liberté. Il n'existe pas ici de combat
réel entre les dieux et les hommes puisque la partie est
complètement inégale et que les dieux exercent encore
leur toute-puissance. La tentative de profanation du fils
ne doit pas être retenue car elle n'est mentionnée que
pour servir de châtiment exemplaire aux audacieux qui
seraient tentés d'en faire autant.

Un tel univers n'a-t-il pas quelque chose qui mérite
d'être qualifié de merveilleux ?

LE « DIEU MERVEILLEUX » DES QUÉBÉCOIS

Benoît Lacroix

Comment parler du Dieu merveilleux québécois sans connaître au préalable les vies individuelles, vécues souvent dans la difficulté et l'épreuve, surtout sans tenir compte de l'insondable de chaque cœur humain ? L'image de Dieu appartient, en effet, comme celle du bonheur, à l'expérience et aux rêves des hommes. Il nous faudra poursuivre longtemps encore nos enquêtes auprès des masses avant de pouvoir rendre compte convenablement de cette expérience religieuse collective assez particulière et qui ne manque pas de pittoresque, comme nous allons le voir, des Canadiens québécois francophones. Ces notes ne peuvent être que préliminaires.

Nous savons, en outre, que les représentations mêmes de Dieu ont beaucoup varié à travers les siècles [1]. Quelle distance déjà entre le simple signe, le triangle trinitaire, l'œil fixe ou la main tendue, et le Créateur majestueux d'un Michel-Ange ! Les spécialistes connaissent les travaux des historiens de l'art, depuis Didron jusqu'à Réau et Émile Mâle; ils connaissent les études spécialisées des théologiens et penseurs comme Tillich, Ricœur, Robinson et autres. Il s'agit, en somme, d'un

---

[1] Voir les indications bibliographiques et les rapides résumés de la *New Catholic Encyclopedia*, VI, pp. 535-576.

thème « mystérieux » qui déborde les cadres d'une analyse textuelle et même empirique [2].

Et pour en venir plus immédiatement au *Dieu merveilleux* des Québécois, constatons que le thème est toujours dans l'actualité [3]. Après les considérations plutôt rapides d'un Ernest Gagnon et d'un Jean Le Moyne [4], voici des études documentées et riches en perspectives, celles de Colette Moreux [5], Louis Rousseau [6], Raymond

---

[2] Les revues spécialisées réussissent encore difficilement à mettre leur bibliographie à jour, tellement le *Dieu des chrétiens* fait « problème ». Tout ceci est probablement dû au fait que notre « Dieu » peut être, contrairement à celui de l'Islam par exemple, incarné dans un « fils », vérifié « en son esprit »...

[3] L'histoire du Canada français, comme celle du Québec qui en est l'origine, commence chronologiquement au XVIe siècle, au moment où celle du moyen âge s'achève. Même ce XVIe siècle dont les Canadiens francophones dépendent plus immédiatement, est plus médiéval qu'on ne le croit souvent. Issus de familles françaises européennes, les premiers colons ont été écartés de deux événements qui ont quelque peu brisé la ligne de l'histoire européenne par rapport au moyen âge : la Réforme protestante qui délaisse la papauté et la révolution française qui abolit la monarchie. Pour cela il semble que les francophones d'Amérique soient des héritiers directs du moyen âge français. L'étude de notre folklore et des institutions du Québec traditionnel ne cesse de confirmer ces faits. On voudra bien se rappeler aussi que la première imprimerie canadienne ne date que de 1764, tandis que l'instruction n'est devenue obligatoire au Québec qu'en 1943 (*sic* !).

[4] Ernest GAGNON, S.J., *l'Homme d'ici* (Coll. Constantes, 3), Montréal, éditions HMH, 1963, pp. 179-190. Jean LE MOYNE, *Convergences* (Coll. Convergences), Montréal, éditions HMH, 1961, pp. 46-66.

[5] Colette MOREUX, *Fin d'une religion. Monographie d'une paroisse canadienne-française*, Montréal, Les Presses de l'Université de Montréal, 1969; « Le dieu de la Québécoise », *Maintenant*, 62, 6, (1967), pp. 66-68.

[6] « Une image globale des représentations de Dieu dans la théologie de Québec au XVIIIe siècle », dans *Église et théologie*, 2 (1971), pp. 185-195. R. A. JONES (*l'Idéologie de l'Action catholique, 1917-1939*. Thèse de doctorat ès lettres, Université Laval, 1971, pp. 95 et suivantes) démontre comment dans ce journalisme officiel Dieu apparaît comme le juge suprême des peuples; il châtie, il peut aussi à l'occasion et même à la dernière minute tout arranger, arrêter les guerres s'il le faut.

Lemieux [7], etc. Beaucoup d'enquêtes se font dans les milieux scolaires surtout [8].

Nous écrivons *Dieu merveilleux*. S'il s'agissait des représentations québécoises du *Christ merveilleux*, nous irions tout de suite à l'imagerie pieuse et dévote, aux crucifix, aux crèches, en vente encore chez Eaton (Montréal) et Pollack (Québec) et ailleurs aussi. Il y aurait aussi à considérer cette troisième manière d'être Dieu, représentation uniforme depuis les récits évangéliques par une colombe : le Saint-Esprit mériterait une étude particulière à cause des dévotions traditionnelles du Québec à la Trinité, sans oublier ces appels constants à la « grâce de Dieu », sorte de « Saint-Esprit » mystérieux de nos enfances religieuses.

Notre enquête, encore à ses débuts, porte sur les seules représentations du Dieu Premier identifié dans les milieux scolaires tantôt comme l'Être Souverain, tantôt comme le Père, et souvent les deux n'en faisant qu'un. Nous utilisons trois sources d'information, qui renvoient d'ailleurs aux trois étapes traditionnelles du savoir humain : la source visuelle, le savoir oral et finalement l'écrit qui confirme, récupère ou simplement arrive pour conserver l'information audio-visuelle qui reste depuis toujours le lieu par excellence des cultures populaires.

---

7 Raymond LEMIEUX, « Dieu de pouvoir et Dieu de fête », *ibid.*, pp. 243-257.

8 Marie GÉRIN-LAJOIE, *la Notion de Dieu chez l'enfant d'âge pré-scolaire.* Thèse de maîtrise en psychologie, Université de Montréal, 1962; B. MAILHIOT, « Et Dieu se fit enfant : réactions d'enfants et de groupes à l'âge pré-scolaire », dans *Cahiers de psychologie religieuse*, éd. Lumen Vitae (Louvain), II, pp. 115-127.

I. — SOURCES VISUELLES

A. *Dieu autrefois*. — Dieu étant partout, selon la réponse des petits et grands catéchismes du Québec traditionnel, il est normal que l'homme de Nouvelle-France se retrouvant tour à tour, à cause de son histoire, français canadien, canadien français, puis québécois, acadien, ontarien, louisianais ou français isolé de l'Ouest, cherche à retrouver le Dieu de ses pères partout en même temps qu'il veut le montrer par signes et faits. Un des premiers bateaux arrivés d'Europe, en 1611, s'appelait *la Grâce de Dieu*[9]. Que n'a-t-on pas fait, dit ou pensé au début de notre colonie française *pour la plus grande gloire de Dieu*... et du roi ? On sait la dévotion chère à Mère d'Youville pour le « Père Éternel, l'objet de [sa] grande confiance ». À l'occasion de la guérison du cofondateur de son institut, le sulpicien Louis Normant, elle fit exécuter en France un tableau du *Père Éternel*. Ce tableau de 1741, sauvé de l'incendie de 1765, est actuellement à la salle de communauté de la maison mère des Sœurs Grises, au 1190 de la rue Guy, à Montréal. Une lettre de sœur Marie Doucette[10] nous rappelle la « très large diffusion d'images du même Père Éternel. Les requêtes nous parviennent encore ». Qu'y représente-t-on ? Un vrai *Dieu merveilleux*, fort, nimbé, drapé, stoïque, assis, et des mains largement étendues; il a la tête fière et haute. De très haut, il regarde doucement vers en bas. Derrière un fond de nuées colorées, apparaît un triangle d'où se dégagent des rayons lumineux. Nous voilà déjà dans la tradition du *Père Éternel* auquel renvoie encore aujourd'hui le langage courant de nos compatriotes. Il faudrait aussitôt identifier tous les

9 Cf. BIARD, *Relations des Jésuites*, 1616, éd. Thwaites, I, p. 144.
10 Daté du 20 avril 1971.

Pères Éternels du Québec, ceux de son Musée officiel, les sculptures de bois polychromes, ouvrages magnifiques des Levasseur, des Baillairgé, sans oublier bien sûr l'ineffable *Père Éternel* (vers 1768) en provenance de l'église Saint-Vallier de Bellechasse [11]. Chaque fois, ambivalence entre l'attitude bienveillante et miséricordieuse du visage et la stature davantage hiératique et noble.

Là où Dieu se fait de moins en moins merveilleux, à notre avis, c'est quand arrivent de Paris les catéchismes illustrés [12] de la Bonne Presse, vers les années 1930. L'héritage sera lourd, trop lourd : il suffit de considérer l'imagerie qui suit, les catéchismes de monseigneur Victorin Germain, du père Pagé et de leurs héritiers [13]. Dieu, debout ou assis, nimbé ou enveloppé dans ses nuages, est devenu un homme sévère qui tient les Tables de la Loi dans ses mains, ou même les porte sur ses genoux. Le Créateur du monde observe; il légifère. Parfois, un simple œil isolé dans son triangle lumineux;

---

11 Cf. *la Sculpture traditionnelle du Québec,* Musée du Québec, 1971, p. 114; aussi pp. 44-45.

12 Les éditions importées de ces *Catéchismes en images* de la Bonne Presse sont nombreuses, de formats divers (jusqu'à 0m48 x 0m66); elles jouissent de la recommandation unanime des autorités scolaires qui sont encore pour la plupart religieuses et cléricales. Les plus célèbres de ces catéchismes comptent jusqu'à 68 gravures sur bois accompagnées d'une explication. Au moins les deux tiers de ces images renvoient à l'Ancien Testament; cf. image II (*Catéchisme en images*) : Dieu est un grand-père aux yeux fixes qui tient dans ses deux mains la croix sur laquelle se trouve son Fils (notons que ce thème de *Dieu le Père portant son Fils en croix* est aussi celui d'un célèbre médaillon d'un vitrail de Saint-Denys et de l'évangéliaire de Perpignan (E. Mâle, *l'Art religieux du XIIe siècle en France.* Paris, A. Colin, 1947, pp. 182ss); image III (p. 11) : le Créateur méditatif préside à la création des sept jours avec des gestes de magicien tout-puissant.

13 Victorin Germain, *Catéchisme pittoresque à l'usage des commençants et de leurs parents et de leurs maîtres,* 1re éd., Québec, 1931, 180 gravures. Le *Catéchisme* de L. Pagé, c.s.v., connaît plusieurs éditions après 1936 : Dieu y est représenté sous le sigle de l'œil, en haut.

des anges à distance se sont mis à genoux. Le *Père Éternel* de nos artisans est devenu comme le vieillard étranger, sorte de Crésus, qui vient demander des comptes.

Nous pouvons nous demander en passant si nos ancêtres ont vu Dieu aussi souvent qu'ils ont vu le Diable. Par apparitions, dans leurs rêves, en imagination ? Il semble que non. Rappelons qu'au Québec traditionnel on parlait d'apparitions plutôt que de résurrection. Le désir de voir Dieu n'a jamais manqué ni, encore moins, celui de le visualiser, ainsi que nous l'avons dit, mais nous n'avons noté aucune expérience visuelle individuelle de Dieu. On voit plutôt les âmes, les saints, le Christ parfois.

B.   Mais *aujourd'hui* ? — L'imagerie traditionnelle a pratiquement disparu des écoles mais elle demeure présente à bien des esprits. Le besoin intime d'un Être protecteur et la tendance à croire à un Dieu réel, vivant, quotidien, familier, sont tenaces. C'est au nom de Dieu, un Dieu « qui se mêle de nos affaires », que nous aurons vu circuler dans les années 60 à Montréal un service mobile du culte nommé *le Bon Dieu en Taxi,* et qu'aujourd'hui aussi nos quêtes d'église peuvent encore s'appeler *la part de Dieu.* Mais nous nous éloignons très vite du merveilleux.

Quant à nos pentecôtistes, ils désirent plutôt une expérience *merveilleuse* de Dieu. Cette expérience, partagée et collective, s'exprimera par des mots, des silences ou des regards concertés, des yeux levés ou perdus vers en haut. Notons le besoin de visualiser même l'Invisible qui rejoint les désirs d'une jeunesse extraordinairement éveillée à toute pensée mystique incarnée dans la vie.

À l'école catholique nouvelle, il est désormais question du Père, être amical et invisible. Les enfants répètent ce qu'ils ont appris. Il serait intéressant de savoir comment ils voudraient par signes et images se représenter ce Dieu paternel vers qui ils « marchent » tout en demeurant assis. Entre-temps, d'autres continuent à blasphémer le Dieu de leur enfance en images. *Chez Dieu,* boîte psychédélique logée au sous-sol de l'hôtel Iroquois, place Jacques-Cartier à Montréal, est doucement blasphématoire, mais, quand même, révélatrice du besoin de merveilleux et d'insolite « divin » qui s'exprime par les jeux de couleurs et la décoration intérieure des lieux.

II. — SOURCES ORALES [14]

A. Les hommes de la *religion traditionnelle* ont parlé et parlent encore plus qu'ils n'écrivent et lisent. Leur Dieu, ils le montreront du doigt en pointant l'index vers en haut, mais leur parole signifie qu'ils le croient en même temps partout, en bas aussi bien que dans le ciel et au paradis.

Faudrait-il aussitôt interroger les contes ? Les folkloristes nous inviteraient à considérer plutôt les légendes, sans oublier, bien entendu, tous les prônes et souvenirs entendus des leçons de catéchisme et de retraites, notant au passage les blasphèmes et « sacrures » propres au milieu. D'ailleurs notre vocabulaire est particulièrement significatif d'une divinité à la fois inaccessible et quotidienne. Ainsi, connaître son catéchisme par cœur, ques-

---

14 On consultera avec profit, à propos du langage québécois sur Dieu, la livraison 58/59 de *Communauté chrétienne,* juillet-octobre 1971.

tions et réponses toutes ensemble, parfois les chiffres d'appel, signifie *savoir son Bon Dieu par cœur.*

Qui n'entend dire encore aujourd'hui : *À la grâce de Dieu; le Bon Dieu le veut; pour l'amour de Dieu; grand Dieu de grand Dieu!* le Bon Dieu est content; *le Bon Dieu te le rendra; si le Bon Dieu peut venir le chercher; je ne suis pas le Bon Dieu;* c'est *un homme du Bon Dieu,* etc. En somme, on se réfère à l'Être qui voit tout, qui détermine tout, qui prend soin de tout et dont on est assuré à l'avance qu'il n'aura jamais tort. Tous ces appels à la Providence, à *Dieu* qui *sait ce qu'il fait,* sont près d'un Dieu merveilleux. *Ne craindre ni Dieu ni diable; que le Bon Dieu me coupe le cou si ce n'est pas vrai;* dire *un Pater et un Ave pour que Dieu n'en arrache pas trop* avec les méchants, renvoient davantage aux rites de la pensée magique.

Si nous ouvrions, d'autre part, nos recueils de Cantiques, depuis celui de Marseille [15], au début du xviiie siècle, jusqu'à nos *300 cantiques* des collèges, nous revenons à un Dieu très sérieux : *Dieu tout-puissant, Dieu, l'Astre divin, Majesté suprême, Dieu souverain...* Mais il faudrait aussi, à mon avis, interroger la chanson populaire traditionnelle [16] pour retrouver le *Dieu merveilleux* des Québécois. Ici, l'action de Dieu est aussitôt localisée; Dieu voit vite, il est partout à la fois, en haut, en bas, ici, là; il bénit, il maudit, il punit, il endosse subti-

---

[15] Il s'agit toujours des célèbres *cantiques de Marseille* dont on retrouve des exemplaires ainsi que des versions chantées au Canada français jusqu'au début du xxe siècle : Laurent DURAND, *Cantiques de l'âme dévote, dits de Marseille... accommodés à des airs vulgaires.* L'édition dont on se sert au Québec date de 1723; elle fut distribuée par le Sr F. Mesplet; rééditée par la suite.

[16] Cf. Conrad LAFORTE, *le Catalogue de la chanson folklorique française,* Québec, les Archives de Folklore, Les Presses de l'université Laval. Autre édition en cours.

lement les situations les plus anormales et, comme au moyen âge, on le rencontre qui protège les amants, qui apporte l'argent, qui guérit à distance, qui donne du vin aux infortunés.

Vrai magicien, malgré son grand adversaire presque aussi omniprésent que lui, le Diable ! Ce même Dieu — et je pense au folklore maritime — est familier, immédiat, à la portée de toutes les imaginations; il peut être tout autant redoutable et fort, maître autant qu'on puisse l'être de la marée, du tonnerre et des orages du Golfe. En même temps, surtout si sainte Anne, la sainte Vierge ou d'autres saints familiers s'en mêlent, il peut à l'occasion devenir celui qui permet les meilleurs miracles. Dieu est d'autant merveilleux qu'il laisse à ses saints d'accomplir eux-mêmes les miracles les plus étonnants.

B.   Que dire de la *tradition orale contemporaine* ? On aura en vain parlé de la mort de Dieu. Pour plusieurs et malgré toutes les théories, Dieu est encore l'être merveilleux qui nous aime sans répit, et qui nous aimera toute la vie en attendant de nous recevoir en Paradis. Comment les plus jeunes réagiront-ils devant le nouvel enseignement pastoral scolaire ? Iront-ils à leur tour, et pour imiter certains de leurs aînés, jusqu'à la négation pure ? Subiront-ils, malgré tout, l'influence du langage courant du peuple qui reste, surtout chez les plus âgés et chez les gens de la campagne, très croyant bien que plus critique ? C'est difficile à dire. Il semble que, pour le croyant québécois en particulier, pour le peuple aussi, Dieu restera toujours son Dieu qui est merveilleux, qui peut faire toujours un miracle, qui peut changer d'idée à partir d'une prière, d'une expiation, d'une conversion.

Notons, enfin, la tendance de certains de nos chansonniers au retour à l'acclamation traditionnelle de Dieu:

Hosanna! *Alleluia!* Tout comme on dira *Jésus Christ superstar!* La tendance normale de l'opinion publique, commune à toute tradition orale, est à l'amplification et à la surenchère. Dieu sera peut-être un Dieu merveilleux aussi longtemps que les hommes en parleront.

III. — SOURCES ÉCRITES

La documentation écrite à elle seule, et même si elle n'a pas été tellement étudiée, exigerait beaucoup plus de nuances quand il s'agit du *Dieu merveilleux* des Québécois. Nous en trouvons la preuve en relisant tour à tour historiens, romanciers, poètes, rituels et homélies « écrites ». Ajoutons les écrits hagiographiques, les journaux, certains discours imprimés de nos politiciens, les annales, les courriers du cœur, les almanachs populaires, les consultations astrologiques, etc.

Nous ne pouvons ici que fournir quelques remarques à partir d'un choix restreint d'exemples. Ainsi, le *Rituel* de monseigneur de Saint-Vallier [17] qui pendant plus d'un siècle donna le ton et parfois la chanson à nos prédications dominicales et à nos rites religieux, nous offre la représentation d'un Dieu plutôt majestueux, officiellement merveilleux, créateur du ciel et de la terre, architecte du monde, du monde où tout prend à mesure sa place et joue son rôle. Il faut relire les prônes éminemment sages mais tout cuits du rituel du même monseigneur de Saint-Vallier pour devenir l'atmosphère des XVIIIe et XIXe siècles : Dieu aussi présent que le soleil, Dieu visible et éblouissant, Dieu tout-puissant ! Tout en

---

[17] *Rituel du diocèse de Québec*, 1re éd., Paris, 1703, 604 pp. Voir *Dictionnaire biographique du Canada*, tome II, pp. 342-349.

ne paraissant pas proche, il ne cesse pourtant d'accompagner la vie des siens.

Un autre exemple. Été 1896. L'orateur laïque préféré des fêtes religieuses et civiles de la fin du siècle est alors le juge Adolphe-Basile Routhier (1839-1920). Cette fois, grand discours au collège de Saint-Boniface du Manitoba : appels émus à la Providence, imageries romantiques, souvenirs religieux. « Ah si au-delà de toutes les choses visibles et invisibles, au sommet de toutes les grandeurs mystérieuses que la Création nous révèle, au centre de tous les mondes en mouvement, vous placez la personne auguste d'un Dieu; si, dans cet amoncellement illimité de matières en travail, vous mettez l'Esprit infini, c'est comme si vous allumiez un soleil au milieu de la nuit [18] »...

Le ton est courant. Dieu y est merveilleux oui, mais pas dans un sens « populaire ». C'est le « dieu » de la poésie romantique.

Si nous interrogions l'hagiographie ! Il n'est pas nécessaire de remonter bien haut, il suffit de feuilleter les vies toutes récentes du frère André (1845-1937), de la Congrégation de Sainte-Croix [19]. Le Bon Dieu prépare l'apostolat de ses saints. Tout se passe sous son *saint* regard. Parfois il est en colère et sa Providence met en branle toute une série d'événements qui, à l'occasion, rejoignent le cosmos. Dieu merveilleux, à la merci du biographe plutôt que du héros lui-même, car le frère André aime arranger ses affaires avec *son* Dieu quotidien.

---

[18] « Dieu dans l'enseignement », *Conférences et discours*, Montréal, Beauchemin, 1913, p. 69.

[19] *V.g.* Marcel PLAMONDON, *le Frère André* (Collection « Le trésor de la jeunesse »), Montréal, Fides, 1955. Voir aussi les biographies du père Bergeron, de E. Catta et autres.

Quand une carmélite meurt, on lui consacre une notice, où l'appel à la nature et au cosmos, comme à Dieu, démontre une fois de plus comment Dieu sait tout arranger, son soleil, ses nuages. Le cardinal Léger confirme [20]. Toujours le même Dieu familier, attentif, merveilleux en un sens.

D'autre part, si nous relisons nos romanciers, *Bonheur d'occasion* de Gabrielle Roy par exemple, ou tel roman d'André Langevin, de Robert Charbonneau, nous avons l'image plutôt défavorable d'un Dieu merveilleux mais en surveillance et en justice, prêt à juger et à tout blâmer... Nos élites ne semblent pas avoir eu la même sérénité devant Dieu que le peuple en général. C'est d'un autre ordre, dirait Pascal.

CONCLUSION

Il semble que le Québécois traditionnel n'a pas tellement mis d'opposition et de distinction entre le sacré et le profane, entre la transcendance et l'immanence de son Dieu. Son Dieu est merveilleux, en ce sens que sa « sainte volonté » s'accomplit aussi bien sur la terre qu'au ciel. Dieu est partout, présent à tout. Dieu de la collectivité à laquelle tous appartiennent, plus encore qu'ils appartiennent à la France et au roi ! La foi et la prière réaffirment quotidiennement cette appartenance à Dieu, qui se traduira dans la vie quotidienne et personnelle par toutes sortes de représentations assez gauches.

---

[20] Cf. *Chroniques du ʻCarmel de Montréal*, 3 oct. 1963, 40 pages sur la vie et la mort de mère Saint-Antoine-de-Padoue (1869-1963).

Ce *Dieu merveilleux* des Québécois, il n'est pas uniforme, bien que toujours présenté sous le modèle masculin d'un grand-père idéal. Il semble plutôt avoir oscillation entre deux perceptions : d'une part, un Dieu d'Église, Dieu très haut, Dieu des catéchismes et des prônes lus, Dieu créateur du ciel et de la terre, éternel et souverain, tout-puissant comme le roi; d'autre part, le *Père Éternel* des sculpteurs Levasseur et Baillargé du Musée de Québec : c'est un Dieu plus quotidien, plus domestique, qui n'a absolument rien de terrible. C'est ce Dieu, le *Bon Dieu,* qu'on blasphème toujours sans trop y penser. Mais ni dans l'un ni dans l'autre cas Dieu ne nous a paru anonyme, pas plus que cosmique et panthéiste. S'il porte souvent dans sa main le globe terrestre, symbole de l'univers, il bénit, il préside, il est le Dieu vivant, un Dieu parental et reçu, Dieu entendu dont la partenaire favorite peut devenir la sainte Vierge toujours prête à faire un miracle. Ce Dieu, constamment exposé à l'expérience et au rêve des gens qui le rencontrent à travers les événements les plus divers, s'exprime à travers les événements de la vie, soit qu'il châtie, soit qu'il récompense. On recherche avec avidité les signes visibles de sa présence et les dictées de sa volonté.

Aucune distinction avouée entre le sacré et le profane, et le mystère reste entier quant à la nature véritable : la confiance est grande, mais la spéculation est vide. Pour parler de son *Bon Dieu* comme d'un Dieu vivant, on se sert simplement de ce qu'on imagine de l'homme parfait, d'un père idéal devenu tout à la fois juste et miséricordieux. *Le Bon Dieu, c'est un homme bien fiable... Dieu : c'est un bon diable !*

Pendant que les grands, les prêtres surtout, invoquent la justice de Dieu et son pouvoir absolu, si la tradition missionnaire encourage les colons à travailler pour sa gloire et l'avancement de son règne, les petits, eux, continuent à faire confiance au *Dieu merveilleux* qui porte le monde dans sa main gauche et les bénit de la main droite même dans leurs malheurs. Leurs rites, comme leurs prières, touchent parfois à la magie. Ils ont à son égard comme un besoin instinctif d'expiation qui frise la culpabilité plutôt que les vrais regrets; mais aussitôt les cultes domestiques et familiers sont là pour corriger les excès entretenus par des maîtres et maîtresses gauchement zélés. Si bien qu'on peut se demander s'il n'y a pas deux « Dieux québécois » : le Dieu du dimanche et des grandes retraites, et le Dieu merveilleux de la maison, l'école faisant appel à l'un autant qu'à l'autre, laissant le Québécois dans une attitude dualiste difficile à observer.

On pourrait se demander aussi quel rapport exact le Québécois traditionnel a-t-il entretenu et entretient-il encore, dans certains milieux, avec son Dieu. S'agit-il d'un rapport maître-esclave, suzerain et vassal à la manière dont il prie à genoux et les mains jointes ? S'agit-il même d'un rapport de riche à pauvre, ou plutôt d'un rapport filial doublé à l'occasion d'une crainte de l'inconnu ? Leur *Bon Dieu* ne serait-il pas à l'image du bon roi, du bon millionnaire, plutôt qu'à celle du père de Jésus ? Peut-être simple rapport d'*appartenance* de fils pauvre à son père qui est riche dans les cieux. Rapport filial ? Oui, mais non sans quelque crainte, l'acte de foi par excellence étant : *Je crois en un seul Dieu, Père tout-puissant, créateur du ciel et de la terre.*

LE MERVEILLEUX FOLKLORIQUE *

Luc Lacourcière

Je me situe au niveau des épaves! Je dis cela pour exprimer un regret : qu'on ait mis de côté le merveilleux folklorique. Regret, parce que le merveilleux est, dans une bonne mesure, du domaine du folklore, et que, écoutant ces savants exposés, je me sentais un peu comme un spectateur assistant à une pièce d'Aristophane qui s'appelle *les Nuées*.

Dans cette pièce, Aristophane représente des philosophes qui sont suspendus entre ciel et terre, dans des paniers, et qui discutent d'idées. Mais ils ont oublié que leur panier ne touche pas terre, et alors leurs idées se perdent dans les nuages. Je parle toujours du niveau des épaves... Mais ces épaves, elles sont partout. Elles sont sur la mer; les rochers où se promènent les serpents sont balisés de ce merveilleux populaire et le ciel lui-même en est rempli. L'homme est entouré de toutes parts de ce merveilleux populaire.

Ce merveilleux ne s'exprime pas uniquement par des idées abstraites que l'on a voulu, sans aucun doute très justement, dégager au cours des discussions de ce Colloque. Mais le folkloriste, lui, ne voit pas ce merveilleux par la même approche. Il est aux prises avec un merveilleux concret, qui est tout près de lui. Il le

---

* Le texte reproduit est la transcription verbatim de l'allocution improvisée du professeur Lacourcière, qui présidait la séance portant sur le merveilleux traditionnel et sur les formes actuelles du merveilleux.

retrouve dans des contes, des récits, des chansons, des superstitions, des pratiques et des coutumes. Nous avons donc un contact quotidien avec ces faits d'ordre merveilleux qu'il nous faut d'une part classer, analyser, non seulement en partant de l'étymologie du merveilleux ou de l'idée du merveilleux, mais aussi d'un émerveillement.

Il me semble intéressant de rappeler ici qu'un des premiers mots qui aient été prononcés à l'endroit du Canada ce fut le mot « merveille ». Quand Cartier arrive aux abords des côtes du Labrador, il n'a pas d'autre mot à dire que « merveilleuse ! merveilleuse ! » Tout ce qu'il voit est merveilleux. Il avait donc lui-même cet étonnement.

Alors, du point de vue folklorique, nous avons un merveilleux. Je veux essayer d'expliquer comment nous classons ces phénomènes merveilleux. Incidemment, une chose m'a surpris ce matin : à aucun moment on n'a prononcé le mot de surnaturel... Ou peut-être ai-je été distrait... J'étais sans doute trop pris par les épaves ! De toute manière quand nous, nous définissons le merveilleux, nous distinguons l'élément surnaturel.

Le merveilleux peut être de deux sortes principales. D'abord il y a le merveilleux uniquement conventionnel; il produit l'émerveillement, mais c'est un surnaturel de convention. C'est celui des contes populaires : les animaux qui parlent, par exemple.

Par ailleurs, nous avons un merveilleux qui est moins conventionnel. Il suppose une certaine adhésion de l'esprit à ce type de surnaturel. Le loup-garou, par exemple, n'est plus un surnaturel de convention; les gens y croient et s'imaginent qu'il a une existence vraiment réelle. Il y a donc une grande différence entre ces deux merveilleux, que nous nous efforçons d'établir.

Bien sûr, il y a des cas intermédiaires entre le merveilleux de convention et celui qui suppose une croyance — et tous les degrés de croyance, depuis le scepticisme jusqu'à l'adhésion absolue. Il y a des cas intermédiaires qui varient chez les gens qui le transmettent.

Prenons un exemple de récit populaire. Le pacte fait entre deux amis : celui qui meurt le premier vient dire au survivant ce qu'il y a dans l'au-delà. Ce thème-là peut exister de façon conventionnelle dans un conte merveilleux, mais il peut exister aussi sous forme de légende, où l'on croit vraiment que quelqu'un est venu dire à l'autre ce qui existe dans l'au-delà.

Enfin, il y a une troisième notion à faire intervenir qui est plus littéraire que folklorique : c'est le faux merveilleux. Un faux merveilleux qui s'est développé à partir du romantisme allemand et que l'on voit à travers Edgar Poe, les contes d'Hoffmann : il crée une ambiance de fantastique, où on fait appel à toutes sortes de sentiments, comme la peur. À la fin, ce merveilleux est détruit par une explication rationnelle. C'est un merveilleux qui existe à un moment du récit, mais la logique reprend le dessus dans le dénouement du conte. On a donc besoin de ces distinctions pour établir les formes de merveilleux populaire.

Je voudrais aussi faire allusion à ce coureur qui ne laisse pas de trace... Ce coureur me rapproche encore davantage des *Nuées* d'Aristophane... Il me rappelle, cette fois-ci, une strophe du *Cimetière marin* :

Zénon ! Cruel Zénon ! Zénon d'Élée !
M'as-tu percé de cette flèche ailée
Qui vibre, vole, et qui ne vole pas !
Le son m'enfante et la flèche me tue !
Ah ! le Soleil !... Quelle ombre de tortue
Pour l'âme, Achille immobile à grands pas !

Alors, le coureur c'est « Achille immobile à grands pas ». C'est l'expression de ce coureur qui ne laisse pas de trace, sous la forme de la poésie. Vous l'avez donnée sous forme de proverbe. On le retrouve d'une façon ou d'une autre, peut-être, dans une explication populaire aussi. Je fais encore appel à un conte populaire : *le Conte des compagnons doués.*

Parmi ces compagnons merveilleux, il y a le grand coureur — c'est celui qui m'intéresse ici — , il y a le grand chasseur, le grand mangeur, le grand buveur, et même, dans quelques versions chez les hommes de chantier, le grand « chieur ». Le grand coureur, il est un peu votre coureur. Non pas qu'il ne laisse de trace, parce que, ce qui importe ici, ce n'est pas l'idée de ne pas laisser de trace, mais l'idée de sa rapidité excessive. Mais comment exprimer cette idée-là ? Le peuple a trouvé les métaphores qu'il fallait : il court tellement vite qu'il est obligé de courir en mettant ses pieds dans des meules de moulin. S'il n'avait pas ces meules pour le retenir, il courrait peut-être trop vite. Même avec ces meules de moulin, il va réussir à gagner la course. Donc, ces idées abstraites, on les retrouve dans des exemples concrets à travers le merveilleux populaire.

★

J'arrête là ce bref exposé. Je ne sais si ce que je vous ai dit est cohérent... Je voulais surtout faire quelques remarques tirées de la pratique quotidienne de ce merveilleux tel qu'on le trouve dans les traditions populaires.

Inutile de vous dire qu'on pourrait multiplier les exemples à cause de ce répertoire extraordinaire de contes, de récits, de légendes et de chansons que nous avons.

C'est une littérature qui est encore assez peu connue; elle affleure quelquefois dans la littérature écrite au dix-neuvième siècle, mais on peut dire que les quatre cinquièmes de cette tradition orale, qui constitue les fondements de notre culture, sont encore inaccessibles aux gens qui n'ont pas vécu cette expérience ou qui ne l'ont pas reçue par tradition indirecte.

C'est ce à quoi nous nous efforçons de travailler en ce moment suivant un projet qui, je l'espère, apportera rapidement des résultats très concrets.

III

LES FORMES ACTUELLES DU MERVEILLEUX

LES NOUVELLES MYTHOLOGIES

Alfred Dumais

INTRODUCTION

La nouveauté des sociétés technologiques laisse croire au renouvellement des mythologies. Mais qu'en est-il au juste ? S'agit-il d'un abandon ou d'un remplacement ? Il semble en effet plus convenable, à notre époque, de participer à la « démythisation » qu'à la « mythisation », ou encore d'effectuer le passage de l'utopie à la science que la démarche inverse. Pourtant les guerres, les révoltes et les mutations sociales brusques indiquent avec évidence que les sociétés n'ont pas atteint le niveau idéal de développement et que leur organisation produit sans cesse des situations d'inégalité, d'insatisfaction et de ressentiment.

S'il revient aux poètes de transformer nos inquiétudes en des images saisissantes et même de créer des symboles de vie, leur tâche est immense en notre temps [1]. Ils sont en outre secondés dans leurs tentatives par l'apparition de groupements divers, préoccupés eux aussi de comprendre les impasses et les possibilités dévolues à notre univers socio-culturel. Les rassemblements *hippies,* un exemple entre beaucoup d'autres, exhibent les traits d'une civilisation du loisir qui a jusqu'ici caractérisé les bien-nantis et est devenue l'objectif d'un stade avancé de la technologie.

---

[1] Voir les réflexions de Georg Lukacs, *Die Seele und die Formen,* Berlin, Hermann Luchterhand, 1971, p. 23.

Cependant, si les agissements de ces clochards modernisés étonnent, ils n'émerveillent pas encore. Leur insouciance n'est pas sans heurter la conscience des travailleurs, qui peinent depuis des générations pour améliorer leur sort. Le mouvement *hippy* projette néanmoins un style de vie particulier, inventorie en quelque sorte des formes nouvelles de vie communautaire. Par contre, sous un mode plus actif et plus impatient que ces derniers, des groupes visent directement le pouvoir et croient qu'un changement de régime politique apportera une transformation des conditions sociales d'existence. En regard de courants aussi opposés, il importe d'explorer les mythes qui sont en charge de nos gestes individuels et collectifs. Cette entreprise n'est pas facile, comme le souligne Roger Bastide, à cause du caractère diffus des nouvelles mythologies [2].

Il arrive toutefois aux mêmes époques de vivre des expériences semblables. C'est dans leurs mythologies qu'on devrait trouver leur unité. S'il est permis de qualifier globalement l'âge présent, on remarque qu'il n'est plus tourné avec autant d'insistance vers le passé, mais se porte d'un mouvement décisif vers le futur : la vie des individus en groupe se structure souvent dans le cadre d'une vaste programmation; l'idéologie socialiste façonne de plus en plus les objectifs politiques et annonce le dépassement de la société bourgeoise; revenue à la question de l'existence, la philosophie se met à la recherche de l'être au-delà des étants; la théologie enfin est amenée à collaborer à la construction du futur et à approfondir ainsi ses implications eschatologiques.

---

[2] Roger BASTIDE, « La mythologie », *Ethnologie générale*, Encyclopédie de la Pléiade, Paris, Gallimard, 1968, pp. 1037-1090.

Mon intention n'est pas de décrire avec minutie les mouvements encore épars et incohérents qui agitent nos sociétés. J'entends au contraire présenter une formulation qui les sous-tend et les explicite de quelque manière. La pensée religieuse et socialiste d'un de nos contemporains, Ernst Bloch, me semble porteuse d'une caractéristique fondamentale des nouvelles mythologies, celle de s'interroger sur l'avenir. On ressent chez ce philosophe allemand, à l'instar de son compatriote Goethe, le souci de construire un modèle exemplaire pour le reste de l'humanité.

I. — LA PRIMAUTÉ DE L'UTOPIE

L'œuvre d'Ernst Bloch est complexe, abondante, touffue parfois, presque à l'image du mythe qu'elle esquisse. Son orientation générale est néanmoins clairement indiquée : « Ce qui est nôtre se situe en avant [3]. » Si l'on a déjà réalisé la transition de l'utopie à la science, on propose maintenant d'aller de la science à l'utopie.

A. *L'utopie comme critique et retour au concret.* — Bloch situe dans la critique marxiste de la religion les sources de l'utopie. Marx n'était pas seulement préoccupé de détourner les aspirations des hommes du ciel à la terre, mais il a fait la critique du ciel pour mieux accomplir celle de la terre. Il a inséré son utopie, expres-

---

[3] Ernst BLOCH, « Über die Kategorie Möglichkeit », *Deutsche Zeitschrift für Philosophie*, I, 1953, p. 29. Cet article a été traduit par Rose-Marie FERENCZI dans *Revue de Métaphysique et de Morale*, janv.-mars 1958, vol. 63, pp. 56-82. Voir aussi Pierre FURTER, « Utopie et marxisme selon Ernst Bloch », *Archives de sociologie des religions*, vol. 21, janv.-juin 1966, pp. 3-21.

sion différente de celle qu'il rejetait comme activité
vaine, dans le mouvement de l'histoire. À sa suite, Bloch
verra l'éclosion d'un monde nouveau comme en partie
réalisé dans les souhaits des hommes de notre temps.
On comprend alors le sens de sa formule paradoxale :
« La genèse effective n'est pas au début, mais à la fin »,
et elle se fait sentir dans la mesure où la société et
l'existence découvrent leur radicalité, c'est-à-dire leurs
racines [4]. Bloch se dissocie donc de tout projet futuriste,
uniquement guidé par l'imaginaire. La fonction utopique
dans nos sociétés, répète-t-il, est essentiellement concrète. Il fait ainsi référence aux utopies dans leur diversité, qu'elles soient sociales, techniques ou médicales.
La question qu'il soulève prend donc la forme suivante :
« Comment est-il possible de transcender les limites de
son univers socio-culturel sans faire intervenir la transcendance ? »

B. *L'ouverture au possible.* — La recherche des
conditions concrètes de l'utopie suscite le recours au
possible. Exploration difficile que celle-là, à laquelle
Bloch consacre une large partie de ses travaux. On a
souvent appelé cette philosophie « l'ontologie du pas-
encore-être ». L'utopie devient l'état réel de ce qui est
inachevé [5]. Elle s'inscrit dans le dynamisme du changement social sous le titre d'une marge et d'un contenu
de possibles, où peuvent s'alimenter les idéaux sociaux
eux-mêmes. Mais cela suppose une connaissance précise
des situations socio-culturelles où l'homme moderne est
appelé à œuvrer. Certains groupes d'intérêt véhiculent

---

4 Cité par Heinz KIMMERLE, *Die Zukunftsbedeutung der Hoffnung*, Bonn,
   H. Bouvier und Co. Verlag, 1966, p. 97.
5 Arnold METZGER, « Utopie und Transzendenz », *Ernst Bloch zu ehren*,
   Frankfurt, Suhrkamp, 1965, p. 75.

sans aucun doute un *pas-encore-devenu*. C'est pourquoi, si l'utopie doit s'enraciner dans des possibilités réelles et non purement formelles, la nécessité s'impose de découvrir à la fois le *pas-encore-être* et le *pas-encore-conscient* au sein même de l'action des groupes sociaux. L'utopie correspond en somme au concept du *pas-encore*. À l'obscurité de l'instant vécu, elle apporte la clarté de la prévision.

C. *L'anticipation de la totalité*. — Par la découverte des possibilités réelles et objectives, l'utopie devient anticipation. Bloch prend beaucoup de soin à définir cette dernière fonction. Il croit dégager ainsi toute la portée de l'utopie [6]. Cet effort le porte effectivement à établir des limites aux possibilités réelles de l'histoire. Il affirme que « le tout se laisse saisir seulement en tant que totalité utopique [7] ». Le possible réel, c'est, à son avis, l'ultime possibilité. Par exemple, les projets sociaux actuels doivent tenir compte des revendications des défavorisés et paradoxalement des ressources technologiques. À ce titre, les rêves des hommes de notre temps se construisent dans des zones de possibles déterminés. Aussi l'utopie comme anticipation stimule-t-elle le désir de doter d'une totalité la connaissance des sociétés. On imagine quelle entreprise colossale cela implique : il faudrait effectuer un inventaire systématique des possibilités réelles de nos sociétés. Ce n'est toutefois qu'à ce prix, semble-t-il, qu'on évitera le retour des utopies fantaisistes, abstraites et souvent sujettes à l'utilisation des intérêts du moment.

---

6 Ernst BLOCH, « Die antizipierende Funktion », *Deutsche Zeitschrift für Philosophie*, I, 1953, pp. 513-551. Voir également sur ce sujet, *Philosophische Grundfragen I. Zur Ontologie des Noch-Nicht-Seins*, Frankfurt, Suhrkamp Verlag, 1961, pp. 25-27.

7 Dans KIMMERLE, *op. cit.*, p. 39.

D. *L'espérance et l'esprit d'utopie.* — Si l'utopie exprime un *pas-encore-devenu* et qu'elle anticipe ce qui adviendra, dans la mesure où les conditions extérieures lui seront données, elle procure des fondements à l'espérance. C'est là le thème central des travaux de Bloch [8]. L'espérance n'est pas une simple conséquence. Elle prend au contraire la forme d'un principe qui contient pour ainsi dire la transcendance intérieure de la matière, de la société et de l'histoire. Plus décisive, alors, que les succès ou les échecs des sociétés actuelles dites socialistes, c'est l'idée utopique de la réalisation de l'homme communautaire. La société socialiste devient le nom d'un projet grandiose. L'espérance comme principe, c'est de croire que l'avenir apportera du bon, le règne de la liberté et de l'entente. Cependant le contenu des utopies est souvent manifeste à l'intelligence de nos contemporains. Ce qu'il faut chercher à connaître, au dire de Bloch, c'est l'esprit qui l'avive et le soutient.

II. — LE MESSIANISME COMME FONDEMENT

Comment parler des mythologies sans faire intervenir de quelque façon une histoire des dieux ? C'est Schelling d'ailleurs qui le rappelle [9]. Dans le cas des nouvelles mythologies, orientées vers le futur et fondées sur l'espérance, la liaison avec le religieux ne constitue-t-elle pas un élément proprement dit de merveilleux ?

---

[8] Ernst BLOCH, *Geist der Utopie*, München, Duncker & Humblot, 1918; aussi *Das Prinzip Hoffnung*, Berlin, Aufbau-Verlag, 1954 (vol. I), 1955 (vol. II) et 1959 (vol. III).

[9] F.-W. SCHELLING, *Introduction à la philosophie de la mythologie*, trad. par S. JANKÉLÉVITCH, Paris, Aubier, 1945, t. I, p. 8.

A. *L'espérance et la religion*. — Selon la description de Bloch, la fonction utopique procède d'une double tentative : il faut dégager la conscience de l'utopie dans la religion et la conscience de la religion dans l'utopie [10]. Mais cette démarche n'en est qu'une au fond. Le philosophe ajoute en effet : « Où il y a de l'espérance, il y a de la religion [11]. » Pourtant l'utopie ne s'identifie pas complètement à la religion. Bloch saisit plutôt dans les catégories religieuses des formulations de l'esprit d'utopie. Sa conception de la religion apporte des nuances à celle de Feuerbach. Bloch est avant tout désireux de comprendre le legs des grands mouvements religieux. Il croit alors que recevoir la religion en héritage, c'est hériter de l'espérance eschatologique [12]. La forme que prend l'utopie dans la religion est donc celle du messianisme. Dieu se situerait au cœur de l'espérance humaine la plus profonde. Mais où déceler la présence de ce messianisme ?

B. *Le messianisme des transformations*. — Ernst Bloch a grandement contribué à rapprocher la théologie du marxisme et le marxisme de la théologie [13]. Il montre que des conditions d'injustice et de misère n'incitent pas seulement aux transformations, mais rendent les peuples messianiques. Il est d'ailleurs convaincu qu'on ne s'engage pas dans un processus révolutionnaire et qu'on ne risque pas la mort uniquement pour des raisons écono-

---

[10] Ernst BLOCH, *Religion im Erbe*. Eine Auswahl aus seinen religionsphilosophischen Schriften, München & Hamburg, Siebenstern Taschenbuch Verlag, 1967.

[11] *Ibid.*, p. 8 : « Wo Hoffnung ist, ist Religion. »

[12] Cité et commenté par Jürgen MOLTMANN, *Theologie der Hoffnung*. Untersuchung zur Begründung und zu den Konsequenzen einer christlichen Eschatologie, München, Chr. Kaiser Verlag, 1965, p. 313.

[13] Les travaux d'Henri Desroche sont ici d'un grand intérêt.

miques. C'est pourquoi, il a voulu déchiffrer les structures spirituelles et latentes des soulèvements populaires. Sur ce point, il reproche à Marx d'avoir dérobé à l'utopie communiste ses aspects millénaristes [14]. Analyse assez curieuse en effet que celle d'une histoire religieuse des révolutions ! Aussi la figure extrême du théologien Thomas Münzer occupe-t-elle une place privilégiée dans l'œuvre de Bloch. On reconnaît aujourd'hui que la Guerre des Paysans, que le théologien avait animée en Allemagne, visait plutôt le retour à un état ancien qu'au dépassement de la situation existante. Lassalle dira que « les paysans révoltés se sont pris pour des révolutionnaires [15] ». Pourtant ce personnage exerce une grande fascination sur Bloch. Il en donne d'ailleurs la raison : « (Münzer liait) le plus efficace sur le plan du réel au plus efficace sur le plan du surréel et il les situe l'un et l'autre au sommet même de la révolution [16]. » On distingue tout à la fois dans la prédication de Münzer des objectifs politiques et sociaux et une mystique du Royaume. Cette ambiguïté paraît lui donner force et radicalisme. Ce n'est pas sans raison que, depuis lors, la mystique de la violence inquiète. Par contre, la vie de Münzer fait éclater la mesure possible de la vie chrétienne. Elle est indicative de l'impatience, de la révolte, d'une saisie violente des temps nouveaux. Aussi devient-elle dans une philosophie de l'espérance un véritable paradigme.

C. *Le nouveau messianisme.* — Si le messianisme de Bloch tend à établir des alliances avec le mouvement

---

14 Ernst Bloch, *Thomas Münzer. Théologien de la révolution*, trad. par Maurice de Gandillac, Paris, René Julliard, 1964, p. 73.

15 *Ibid.*, p. 125.

16 *Ibid.*, p. 127.

politique marxiste, ce n'est pas pour autant une justification de la violence. Il a souvent dénoncé l'illusion de certaines mutations ou, selon son expression, de révolutions apparentes qu'ont connues et que connaissent encore les sociétés et l'histoire. Plus profonde lui apparaît l'émergence d'un nouveau messianisme. Il écrit en effet : « Un nouveau messianisme se prépare... (qui est) aspiration à la lumière de l'instant même que nous vivons... Haut dressé sur les décombres d'une civilisation ruinée, voici que s'élève l'esprit de l'indéracinable utopie, assurée pour la première fois de son propre rôle, la plus intime des Ophirs, des Atlantides, des Orplids, dans la demeure de son absolue manifestation communautaire [17]. » La conscience du futur saisit ainsi l'ensemble des activités collectives. Elle ne se limite cependant pas aux conquêtes politiques et sociales. Le messianisme de Bloch s'étend aussi à la reconstruction de la planète géographique et technique. En même temps et par le fait même, l'homme poursuit la tâche de l'humanité, c'est-à-dire celle de devenir comme des dieux, sur le plan de l'histoire et de la nature. Cette liaison de l'utopie au messianisme, de la société à la nature, fait ressortir, à mon sens, tout un merveilleux.

III. — LA VÉRITÉ DES NOUVELLES MYTHOLOGIES

D'où vient la force persuasive des nouvelles mythologies ? Est-ce la conscience du futur qui parvient à rassembler les hommes de notre temps ? En somme, de quelle façon les mythes modernes assurent-ils leur vérité ?

---

[17] *Ibid.*, p. 264.

Aux impasses majeures qui divisent expérience historique et expérience religieuse, vie individuelle et vie communautaire, la philosophie de l'espérance propose des solutions. À travers Bloch, les mythologies récentes expriment une vérité nouvelle, celle de la synthèse. Les paroles du philosophe sont rassurantes : le monde est sur le chemin du retour; marxistes et chrétiens préparent conjointement, sans toujours le savoir, l'établissement du Royaume. Toute une série de formules font suite, où l'unité tient du paradoxe : « Il y a un athéisme pour l'amour de Dieu. [...] Seul un athée peut être un bon chrétien. [...] La religion et la révolution surgissent d'une source commune et poursuivent de semblables objectifs dans le futur [18]. » Ce que l'homme contemporain espère construire, toujours selon Bloch, c'est la patrie de l'identité, là où se rencontrent l'humanisation de la nature et la naturalisation de l'homme [19]. Que devient le monde, si ce n'est un laboratoire possible de salut ? La pensée théologique actuelle, comme celle de Karl Rahner par exemple, déploie à son tour un immense effort de réconciliation : si l'histoire du monde, c'est effectivement l'histoire du salut, un terrain de rencontre entre croyants et incroyants se dessine [20]. Comme on peut le constater, la synthèse des formules exerce une véritable magie.

N'est-ce pas le rôle de la mythologie que d'apporter des réponses et de dissimuler par là les contradictions des situations et leur ambiguïté ? Il semble que le merveilleux qui s'y dégage alors dépend de la qualité des solutions suggérées. Je cite à ce propos une note

---

[18] Ernst BLOCH, *Religion im Erbe, loco cit.*, pp. 16, 17, 58.

[19] IDEM, « Über die Kategorie Möglichkeit », *loc. cit.*, p. 44.

[20] Karl RAHNER, *Zur Theologie der Zukunft*, München, DTV, 1971.

autobiographique de Georg Lukacs, écrite quelques mois avant sa mort. « Durant ma vie, dit-il, je me suis occupé de tout, sauf de mon âme [21]. » L'énoncé est sans doute à dessein ambivalent : il devient soit l'expression d'un athéisme résolu, soit la conséquence d'une confiance mystique. Les nouvelles mythologies paraissent ainsi envelopper les situations d'un tissu merveilleux. Apporter une réponse, c'est dans ce cas pressentir la totalité et ouvrir par ailleurs la voie à l'acceptation du paradoxe.

Le mythe présente une face illusoire, Lukacs lui-même le soulignait [22]. L'illusion à notre époque, c'est peut-être d'exhiber la réponse et de voiler la question. Goethe dit quelque part que « chaque solution d'un problème est un nouveau problème ». C'est le nouveau problème qu'il faut maintenant poser. La nécessité d'un choix entre le Royaume et les ténèbres, selon la conclusion du dernier ouvrage de Jacques Monod [23], me semble une interrogation de ce genre.

CONCLUSION

La pensée d'Ernst Bloch m'est apparue représentative des nouvelles mythologies. Le merveilleux s'exprime autant dans l'unité paradoxale de la théologie et de l'athéisme, du Royaume de la terre et du Royaume du ciel, que dans le principe espérance. On a souligné l'équivocité de cette œuvre qui exerce une influence

---

[21] Cité par *Der Spiegel*, 25 Jahrgang, 14 juin 1971, p. 125.

[22] Georg LUKACS, *op. cit.*, p. 23.

[23] Jacques MONOD, *le Hasard et la Nécessité*, Paris, Éditions du Seuil, 1970, p. 195.

religieuse chez les incroyants et irréligieuse chez les croyants. Adorno a fait remarquer que ce philosophe était socialiste et théologien et non pas socialiste religieux. Ce que Bloch révèle à notre époque, c'est la valeur du prophétisme utopique, à la suite de Münzer, de l'idéalisme allemand, de Marx et de l'eschatologie chrétienne. Formé aux sources bibliques, il assigne à notre itinéraire plus d'une ressemblance avec l'exode du peuple israélite, sa révolte et son attente des promesses apocalyptiques. Il ne s'agit pas bien entendu de prendre carrément le contenu mythologique de la pensée de Bloch pour des expressions de la mystique chrétienne. C'est assurément une théologie qui fait défaut à la philosophie de l'espérance. Cependant cette philosophie elle-même ne décrit-elle pas une possibilité nouvelle d'un discours sur Dieu, rejoignant ainsi des préoccupations fondamentales de la pensée chrétienne actuelle ? La voie se trouve indiquée. La conscience du futur revêt des formes utopiques. Mais ce qu'il faut connaître, c'est l'esprit de l'utopie. Où déceler cette source ? Bloch fait la suggestion suivante : « Si l'on veut savoir ce qu'est l'esprit, on devrait aller aux matérialistes, car, pour eux, (l'esprit) est un problème [24]. »

Malgré les bouleversements de notre époque, le principe espérance parvient à la fois à la conscience des croyants et des incroyants. Cette synthèse ou cette rencontre constitue sans doute ce qu'il y a de nouveau et de merveilleux dans les mythologies récentes.

---

[24] Cité par Michael LANDMANN, « Ernst Bloch im Gespräch », *Ernst Bloch zu ehren,* Frankfurt, Suhrkamp, 1965, p. 370 : « Wenn man wissen wolle, was Geist ist, müsse man zu den Materialisten gehen, denn für sie ist er ein Problem. »

LA QUÊTE QUOTIDIENNE DU MERVEILLEUX

Jean-Paul Montminy

Mon intention est de vous parler du merveilleux dans la vie quotidienne actuelle en relation avec l'objet premier de nos rencontres : les religions populaires [1]. Il est bien évident, par ailleurs, que le merveilleux ne se retrouve pas uniquement dans le domaine des religions, ou plus largement du sacré. Des collègues l'ont montré ou le montreront ces jours-ci : il y a le merveilleux dans la littérature, dans l'art, dans la science...

Une deuxième remarque préliminaire : mon exposé ne vise pas à une savante construction théorique du concept de merveilleux, ni à une analyse de ses fonctions sociales ou psychologiques, par exemple, dans l'aménagement de la vie des collectivités humaines. Il n'est pas davantage appuyé sur des recherches empiriques, lesquelles, à ma connaissance, sont très peu nombreuses présentement.

Beaucoup plus simplement, je voudrais proposer à nos échanges un ensemble de remarques, un certain nombre d'intuitions et d'observations théoriques et empiriques plus ou moins « merveilleuses » qui viendraient ajouter du matériel à la recherche collective de ce colloque.

Mon point de départ a sans doute été analogue à celui de la plupart d'entre vous. S'interroger sur la

---

[1] Les réflexions qui suivent sont le résultat, pour une part, d'échanges que j'ai eus avec mon collègue Marc-André Lessard.

recherche du merveilleux dans la vie quotidienne appelait d'abord une première réflexion sur le merveilleux lui-même. Après une exploration infructueuse dans les dictionnaires spécialisés de la philosophie ou de la psychologie — principalement de l'enfant — sujet certes plus en con-naturalité avec le merveilleux, j'ai dû retourner au bon vieux *Larousse* et au *Petit Robert*.

Aux inscriptions « merveille », « merveilleux », nous lisons cette définition : ce qui excite ou cause l'admiration, ce qui est hors de l'ordinaire; ou encore, est dit merveilleux tout le vaste domaine des « mirabilia », des réalités admirables suscitant l'étonnement de celui qui en est le témoin. Cette première approximation nous indique que le merveilleux est très lié à l'admiration dont le sens étymologique est précisément celui d'un étonnement, qui engendre l'estime et la vénération.

Si cela est exact, il convient donc de noter que le merveilleux se situe d'abord et avant tout du côté de l'affectivité et du sentiment. Le merveilleux ne se manifesterait pas au terme d'un raisonnement logique dont il serait la conclusion. La science, par exemple, peut inviter le savant à l'admiration, mais il s'agit alors d'une démarche d'un autre ordre qui, comme tel, est extérieur au processus scientifique.

Voilà pourquoi je souscrirais, pour ma part, à l'affirmation d'André Lalande lorsque, s'inspirant d'Aristote, il écrit « que la connaissance de la nécessité inhérente à l'ordre total supprime... l'admiration ou la transforme en une impossible contemplation intellectuelle [2] ». Reprenant le même thème, mais cette fois par un autre biais, je rappellerai le témoignage d'Albert Einstein disant : « Ma religion consiste en une humble admiration envers

---

[2] *Vocabulaire technique et critique de la philosophie*, p. 27, note.

l'esprit supérieur et sans limites qui se révèle dans les plus minces détails que nous puissions percevoir avec nos esprits faibles et fragiles. Cette profonde *conviction sentimentale* de la présence d'une raison puissante et supérieure se révélant dans l'incompréhensible univers, voilà mon idée de Dieu [3]. »

Échappant à l'emprise ou à la domination complète du rationnel, le merveilleux m'apparaît donc comme cet ensemble de réalités extraordinaires, admirables qui instaurent dans la conscience individuelle ou collective le sentiment d'une plénitude.

La suite de ma réflexion m'a conduit à aligner une série de mots qui m'ont semblé être en connotation immédiate avec le merveilleux. Tous ces mots — ils nous seront utiles plus tard — empruntent leur racine étymologique au latin *mirari*. Nous avons ainsi :

- *mirifique :* un quasi-superlatif de merveilleux; c'est le merveilleux avec éclat, le merveilleux éblouissant;

- *miracle :*   un phénomène appartenant au surnaturel, au non-rationnel, inexplicable par la science présentement acquise;

- *mirage :*   évoque l'idée d'un faux merveilleux, de l'erreur, de la déception;

- *miroir :*   suggère d'une part l'idée du reflet; aussi celle de celui qui s'admire, auquel cas on pourrait penser au merveilleux du narcisse. Les dérivés « miroiter » et « faire miroiter » connotent la proposition d'un merveilleux trompeur.

---

[3] Cité dans *Fêtes et Saisons*, no 231, janvier 1969, p. 36. L'italique est de nous.

LES FORMES DIVERSES DU MERVEILLEUX

Tenant compte de ce que nous avons dit jusqu'ici, nous pouvons maintenant nous demander comment se présente le merveilleux dans la vie quotidienne. Je voudrais ainsi suggérer quelques distinctions utiles à nos propos.

On doit tout d'abord, me semble-t-il, parler d'un merveilleux qui est donné, d'un merveilleux qui se révèle à moi et en présence duquel je réagis affectivement. Pensons plus précisément ici au Dieu du christianisme. Pour le croyant des religions chrétiennes, le Dieu est un donné. Merveilleux, il s'est révélé dans des « merveilles » dont la plus importante est son propre fils Jésus [4]. Ce merveilleux ainsi révélé, m'apparaissant admirable, extraordinaire me révèle, du même coup, à moi-même en me faisant ressentir mes limitations, ma finitude. Il provoque alors chez moi un appel à sa présence qui me procurera un sentiment de plénitude, de très grande satisfaction.

En regard du merveilleux donné, il y a le merveilleux que les hommes veulent créer par leurs propres moyens pour être ainsi en mesure de se le rendre présent lorsque, par exemple, la monotonie et les ennuis du quotidien deviennent trop lourds.

Dans une optique somme toute complémentaire, on peut également constater l'existence, dans la vie des

---

[4] La Tradition chrétienne la plus ancienne a traduit cette perception dans la liturgie du 1er janvier, par exemple. Rappelant l'incarnation de Jésus, elle invite le croyant à « s'étonner » de cet admirable échange, de cet *admirabile commercium* où le Dieu prend la condition humaine dans la personne de son fils.

collectivités, d'un merveilleux explicable et d'un merveilleux inexplicable.

Le merveilleux explicable correspondrait à ce qu'on appelle « les merveilles de la science » : l'infiniment petit, l'exploration de la lune, etc. Il faut ici bien s'entendre. Si ce merveilleux est explicable pour les hommes de science, il n'est donc pas un *vrai* merveilleux puisque, nous le répétons, le merveilleux n'est pas, de soi, de l'ordre du rationnel. Ceci dit, il n'empêche que, pour « l'homme de la rue », ce type de merveilleux contient toutes les caractéristiques reconnues au merveilleux : étonnement, admiration, dépassement...

Le merveilleux inexplicable est plus complexe. Nous le rencontrons dans diverses directions. Il y a le merveilleux inexplicable par la science acquise. On songe alors au surnaturel : Dieu, les dieux ou même les êtres intelligents d'une autre planète. On peut aussi penser à un autre ordre de merveilleux inexplicable : il est psychologique. C'est le merveilleux de l'imaginaire, c'est le merveilleux du vaste domaine des arts, depuis un certain art de vivre et de voir les choses jusqu'à la musique et la poésie.

S'il est exact qu'il existe un merveilleux psychologique, il nous faut alors admettre que celui-ci est fortement influencé par le tempérament des individus. Il y aurait des types de merveilleux comme il y a des types de tempérament. Rappelons ici quelques exemples empruntés aux chercheurs dans ce domaine. Selon Kierkegaard, il y a le merveilleux de l'homme esthétique, le merveilleux de l'homme éthique, le merveilleux de l'homme religieux. Selon James, nous aurions le merveilleux de l'optimiste et celui du pessimiste; selon Jung, le merveilleux de l'extroverti et celui de l'introverti.

DANS LA SOCIÉTÉ ACTUELLE

Qu'en est-il du merveilleux dans notre société contemporaine ? Nous le savons, cette société a promu au rang de valeur, et de valeur primordiale, la rationalité. En effet, le calcul rationnel, l'ajustement des moyens que l'homme contrôle à des fins également sous sa domination, a envahi tous les secteurs de la vie présente, aussi bien le secteur de la vie sociale que celui de la vie privée. Il devient alors plus facile de comprendre pourquoi le merveilleux réel, ce merveilleux générateur d'admiration et d'étonnement est fortement combattu ou tout au moins relégué très loin dans les préoccupations de nos contemporains. Tout se passe comme si les sociétés actuelles, poursuivant des objectifs d'efficacité (planification, rentabilité...), ne pouvaient plus et ne savaient plus faire leur place aux rêves, aux utopies [5].

Pensons, à titre d'exemple, à la fête. Dans les sociétés traditionnelles, la fête avait une réelle fonction sociale. Pour les hommes de cette époque, elle faisait partie intégrante de l'aménagement général du temps et de l'espace. Elle était aussi un signe unanimement reconnu et accepté de la jonction intime entre le social public et le social privé. Aujourd'hui, la fête n'a plus cette dimension sociale parce que le temps et l'espace sont devenus eux aussi objet de l'organisation ration-

---

[5] Nous savons assez que la collectivité comme les individus qui la composent réagissent à la situation qui leur est faite. Ne remarquons-nous pas cependant que la réaction a souvent recours à des formes plus ou moins avouées de justification ?

nelle [6]. La commercialisation du loisir n'est qu'un indice, parmi plusieurs, de ce phénomène.

En contrepartie à ce merveilleux inexplicable qu'elle repousse parce que non signifiant, la société actuelle produit une quantité énorme de « merveilleux » explicable. Il s'agit bien souvent alors d'un merveilleux artificiel, commercialisé dont on peut se demander si l'intention qui préside à sa création n'est pas de favoriser l'évasion ou la distraction. Nous retrouverions alors ce que nous disions plus haut en évoquant les mots mirage, miroiter. À n'en pas douter, il s'agit là d'une inflation du merveilleux dont la conséquence première en serait la dévalorisation.

Il nous faut donc admettre que la société contemporaine sape profondément les bases possibles à l'émergence d'un merveilleux réel et vrai dans la vie quotidienne. Le même phénomène se remarque également au sujet de la religion. La réaction normale est alors une quête du merveilleux dans toutes les directions.

Signalant à l'instant que la société rationnelle et fonctionnelle détruit le merveilleux dans la religion, il faut convenir en toute honnêteté que l'Église a trop facilement laissé la place libre à l'avènement d'un « merveilleux » explicable. Autrefois, la religion — « populaire » ou non — fourmillait d'incitations à vivre le merveilleux. Par exemple, il y avait les décorations des lieux de culte à l'occasion des grandes fêtes liturgiques, l'accent manifeste mis sur l'émerveillement dans la nuit de Noël, les

---

6 Voir à ce sujet l'étude de Denise LEMIEUX sur la fête de Noël, « Le temps et la fête dans la vie sociale », *Recherches sociographiques*, VII, 3, septembre-décembre 1966, pp. 281-304. La principale conclusion qui se dégage de ce travail est celle d'une profonde nostalgie dont la composante nodale est un rappel des « fêtes » d'une enfance pendant lesquelles le temps était suspendu, l'espace envahi par les rêves et l'imaginaire.

processions, les cantiques connus et chantés par tous. Bien sûr que dans l'utilisation de ces moyens il y a eu abus. De fait, il n'est pas faux d'affirmer que les signes du merveilleux sont devenus des *en-soi*, des objets. C'était les vouer à la non-signification, et donc à la disparition.

Depuis, la recherche d'un merveilleux religieux a connu certaines innovations : l'accent mis, dans quelques communautés chrétiennes, sur une Vigile pascale significative, la place faite à l'admiration dans la catéchèse aux enfants, les tentatives d'une vie chrétienne en petite fraternité, etc. Dans l'ensemble, cependant, il ne me paraît pas inexact de dire que cette recherche est somme toute assez pauvre. Cela tiendrait-il au fait que la théologie — systématisation rationnelle du révélé religieux — n'a pas laissé sa place au merveilleux ?

Quoi qu'il en soit, j'ai l'impression que la quête quotidienne du merveilleux par nos contemporains a emprunté d'autres voies. La place laissée libre, en pratique, par la religion a été prise par d'autres. Ces nouvelles voies m'apparaissent fort diverses, polarisées cependant par un certain art de vivre les temps de loisir. Le besoin de la fraternité, le camping familial, les drogues, l'astrologie, la visite fréquente des places marchandes, etc., ne sont-ils pas des indices de la recherche d'un merveilleux qui permettrait de créer à sa guise ce sentiment de plénitude dont je parlais au tout début de cet exposé ?

Ainsi, des études faites dans les grandes places marchandes du Québec métropolitain ont révélé que le pourcentage des acheteurs réels est, en définitive, assez faible. Par ailleurs, une grosse majorité des usagers de ces places y vont fréquemment, non pas dans l'intention d'acheter mais bien, selon leurs dires, pour essayer des vêtements nouveaux et coûteux leur permettant alors de vivre en dehors du quotidien banal.

Il ne faudrait pas négliger non plus, dans notre réflexion, l'importance que prennent la couleur et les sons dans les groupes hippies ou leurs analogues. Depuis longtemps, en effet, les psychologues et les psychanalystes nous ont appris que l'œil et l'oreille sont les plus « spirituels » des sens. De même Gilbert Durand, dans son ouvrage sur *les Structures anthropologiques de l'imaginaire*, souligne l'isomorphisme des images de l'œil, de la vision et de la lumière, et de la transcendance divine.

★

Pour terminer ces réflexions certainement trop rapides et trop discontinues, c'est une invitation à des recherches que je voudrais faire. À mon avis, l'inventaire et l'analyse significative des formes de merveilleux dans une société comme la nôtre ne peuvent être qu'existentiels. De plus, il me semble difficile de penser à des explications sociologiques du merveilleux sans recourir au préalable à des études psychologiques sur le sujet.

LA DÉSACRALISATION
ET LE MERVEILLEUX RELIGIEUX

Jean-Thierry MAERTENS

I. — ÉTAT DE LA QUESTION

Désacralisation, Merveilleux, Religieux. Me voilà invité
à accorder devant vous trois notions utilisées aujourd'hui
dans les sens les plus divers et que les controverses
n'aident guère à associer de manière limpide. Je ne puis
donc pas prétendre à l'exhaustivité, encore moins au
définitif en cette matière. Permettez-moi seulement de
vous exposer comment, dans ma recherche personnelle,
j'ai été amené à mettre de l'ordre dans ces notions afin
de les rendre opératoires dans une démarche théologique, et comment j'ai pris des options entre différents
auteurs et différents types d'analyse pour amorcer une
synthèse.

À cet avertissement préalable d'une apparente
modestie, je voudrais cependant ajouter une autre
remarque, celle-ci plus enthousiaste. Le domaine désigné
par ces trois termes : désacralisation, merveilleux et
religieux, est l'un des plus aptes à supporter une analyse
et une méthode interdisciplinaire où sciences humaines
et théologie peuvent mener très loin leur collaboration
et aboutir même à un langage commun.

Désacralisation

J'ai pris contact, comme beaucoup d'entre vous sans doute, avec le dossier du « sacré » en étudiant les ouvrages classiques et cependant très généraux de M. Éliade, R. Caillois et R. Otto [1]. On lit avec intérêt les trois premiers quarts de ces ouvrages et on est un peu gêné, comme moderne et comme chrétien, dans la lecture du dernier quart, là où les auteurs, cédant au réductivisme, analysent en particulier le phénomène du sacré dans le christianisme, ne rejoignant que des aspects secondaires du régime de foi et avec des notions trop générales pour être vraiment opératoires.

On passe alors, après ce premier bloc d'ouvrages, à d'autres que l'on pourrait ranger dans la catégorie « sociologie de la culture » ou « philosophie de la sécularité ». La liste en est fort longue, qui chante la « désacralisation » de l'humanité technicifiée; rappelons le dernier en date, de A. Toffler [2]. On sort de ces lectures avec un peu de la conviction des auteurs que le sacré était pour les primitifs et que le monde technocrate et rationaliste que nous avons construit arrivera sous peu à s'en passer totalement. On éprouve certes quelque difficulté à se rallier à des vues aussi rationnelles et scientistes; on a l'impression que l'homme y perd quelque chose d'essentiel à son humanité. De toute manière, même si l'homme met éventuellement un frein au développement de sa technologie, il s'éprouve

---

[1] M. ÉLIADE, *le Sacré et le Profane,* Gallimard, Paris, 1965; R. OTTO, *le Sacré,* Payot, Paris, 1969; R. CAILLOIS, *l'Homme et le Sacré,* Gallimard, Paris, 1950. Ces trois ouvrages, pour classiques qu'ils soient, n'ont cependant pas nécessairement la rigueur scientifique souhaitée.

[2] A. TOFFLER, *le Choc du futur,* Denöel, 1971. Ouvrage qui n'échappe d'ailleurs pas à une certaine sacralisation puisqu'il est longtemps demeuré le *best-seller* de l'édition parisienne.

comme quelqu'un qui pourrait bien ne pas mettre ce frein ou qui jugera du moment où il le mettra. Ceci est capital : même s'il laisse persister dans sa vie une zone de sacré, le lecteur de Toffler a vraiment conscience qu'il le veut bien. À ce moment, le sacré qu'il respecte parce qu'il le veut bien n'est plus que la parodie du sacré; il est vraiment « désacralisé ».

On se tourne ensuite du côté des sciences théologiques : on cherche à savoir si le régime de foi a besoin du sacré que propose M. Éliade ou s'il peut s'accommoder de la désacralisation du monde sécularisé. À lire la prose théologique des dernières années, on se dit que la foi peut très bien se passer du sacré, même si, par la faute de la culture médiévale, elle s'est laissé enfermer dans des systèmes de sacralisation. Des liturgistes présentent la réforme de Vatican II comme une entreprise de désacralisation et cela, malgré les protestations de Rome. Des exégètes voient dans l'action du Christ à l'égard des rites juifs une intention manifeste de désacralisation [3].

À un niveau plus doctrinal, M.-D. Chenu [4] et, à sa suite, une série de théologiens dominicains ont montré que, en régime de foi, le sacré comme tel n'était pas nécessaire et était remplacé par une autre catégorie : le « saint ». La foi n'appelle pas à la sacralisation, mais à la sanctification.

---

3 On peut dire, par exemple, que H. SCHILLEBEECKS, *le Mariage*, 1, Cerf, Paris, 1966, a fait, dans une large part, l'unité de sa recherche en montrant comment le peuple hébreu avait désacralisé la liturgie païenne du mariage et comment, à son tour, le christianisme primitif avait désacralisé davantage encore la conception païenne des noces au profit du thème de la sanctification et de l'intériorisation de la valeur de l'amour.

4 Voir, par exemple : « Consecratio mundi », *N.R.Th.*, 1964, pp. 608-613, et *l'Évangile dans le temps*, Cerf, Paris, 1964, spécialement pp. 465-474.

Dans cette optique, un courant théologique s'est développé, en milieu catholique autour de J.-B. Metz, en milieu protestant autour de ceux que l'on désigne sommairement comme les « théologiens de la mort de Dieu [5] ». Pour résumer (et trahir) en une phrase ce courant de réflexion, nous dirions que le Dieu des chrétiens ne s'est pas servi de la catégorie traditionnelle du sacré pour se manifester; il apparaît au contraire dans l'homme lui-même en tant qu'il entre en relation avec les autres et approprie son être au monde.

Face à ce courant et bénéficiant de la sympathie d'une bonne partie de la hiérarchie catholique et de la « majorité silencieuse », se dresse J. Daniélou [6] pour qui le sacré est essentiel à la foi, pour qui encore il n'y aura de renouveau de l'Église que là où il y aura renouveau de la sacralité et de la chrétienté. En France, peu de théologiens suivent Daniélou dans son argumentation, mais sa fougue vaut des bataillons entiers. Une polémique s'est engagée entre les deux camps [7], mais sans apporter de résultat concret sinon la constatation que l'on utilise en théologie une notion trop vague du sacré et de la désacralisation pour être véritablement opératoire.

Or, pendant que les théologiens se disputent, les sciences humaines font un pas de plus. En sociologie tout d'abord, marxistes et structuralistes, en analysant la société et la culture contemporaine, retrouvent, sous

[5] Citons au moins H. Cox, *la Cité séculière*, Casterman, Tournai, 1966; P. TILLICH, *Aux frontières de la religion et de la science*, Centurion, Paris, 1970; et les derniers écrits de D. BONHOEFFER.

[6] *L'Oraison, problème politique*, Fayard, Paris, 1966.

[7] Voir le compte rendu de l'ouvrage de J. DANIÉLOU dans *Rev. Sc. Ph. Th.*, 1966, pp. 374-377, et dans *Concilium*, n° 9. Un débat contradictoire eut lieu entre Daniélou et J.-P. Jossua; il est reproduit dans *Christianisme de masse ou d'élite*, Beauchesne, Paris, 1968.

l'apparente rationalité du moment, une nouvelle poussée de sacralisation que la société dite de consommation ne se fait pas faute d'exploiter et d'aliéner avec autant de force que les religions anciennes [8]. Parallèlement, la psychologie cerne une fonction du sacré au cœur même de l'homme, puisant son expression dans l'imaginaire, voire dans les archétypes de l'hypothétique inconscient collectif [9], tandis que la phénoménologie offre une réflexion qui permet de parler d'un sens original du sacré qui serait, au cœur même de l'homme, l'écho de sa destinée, son propre mystère en recherche d'unité, par-delà la faille irrémédiable de son existence et qui s'exprimerait au moins sous forme d'une ouverture et d'une disponibilité à l'inconnu ou au merveilleux [10].

---

[8] Voir, à titre d'exemples : E. MORIN, *l'Esprit du temps*, Grasset, 1962; R. BARTHES, *Mythologies*, Seuil, 1957; J. BAUDRILLARD, *la Société de consommation*, S.G.P.P., Paris, 1970. Il faudrait aussi étudier toute la charge de recherche du sacré incluse dans les ouvrages de H. MARCUSE et celle dont témoignent certains projets de contre-culture comme Th. ROSZAK, *Vers une contre-culture*, Stock, Paris, 1971.

[9] On pourrait parler ici de la fonction onirique en l'homme comme lieu privilégié de la recherche du sacré. Cf. H. JUNG, *l'Homme à la découverte de son âme*, Payot, Paris, 1962; *Psychologie et religion*, Buchet-Chastel, Paris, 1960. Il convient de mettre à part A. VERGOTE, *Psychologie religieuse*, Dessart, Bruxelles, 1966, qui distingue dans le sacré une tendance de type « maternel » renvoyant l'individu au mystère originel (type régressif et passéiste) et une tendance de type « paternel » qui incite l'individu au projet et à la découverte de son mystère dans le sens qu'il attribue aux choses et aux événements. Une « désacralisation » dans l'Église doit évidemment tenir compte du genre de sacré qu'elle supprime. Dans un ordre d'idées plus strictes, on doit tenir compte des conclusions de G. DURAND, *Structures anthropologiques de l'imaginaire*, P.U.F., Paris, 1963 et *l'Imagination symbolique*, P.U.F., Paris, 1968 sur les liens entre fonction symbolique et recherche du sacré.

[10] Il faudrait signaler ici la polémique de maints philosophes autour de la question du sens impliqué dans le langage et dans l'action humaines. On a montré comment ce sens n'était pas une simple écume superficielle de ce qui nous traversait profondément, mais le lieu même de la recherche de ce sacré primordial. Cf. F. DUMONT, *le Lieu de l'homme*, H.M.H., Montréal, 1968; J. LADRIÈRE, *l'Articulation du sens*, D.D.B., Paris, 1971 et bien d'autres encore.

Il semble que cet apport des sciences humaines, rejoignant un sacré plus primordial — ce serait le « merveilleux » — si l'on peut dire, que le sacré de M. Éliade, permet aux théologiens de reprendre leur débat sur la désacralisation et d'aboutir à des conclusions plus strictes. On en est là aujourd'hui avec les travaux, en France, des dominicains J.-P. Jossua et Cl. Geffré[11], au Québec, avec ceux de J. Grand'Maison et de J.-P. Audet[12] et, en Hollande, avec ceux de H. Manders[13].

---

11 Je dispose d'un article inédit de J.-P. JOSSUA, « Le Déclin du sacré », qui, pour la petite histoire, devait paraître dans un dossier que je préparais, en 1969, pour un numéro spécial de *Paroisse et Liturgie*. Ce projet mené à terme ne reçut pas les autorisations nécessaires de la part des supérieurs. Des milieux proches de la Congrégation des rites leur avaient discrètement signifié qu'ils ne voyaient pas d'un bon œil une revue de pastorale traiter de la question de la désacralisation et des milieux bénédictins s'étonnaient de voir une abbaye aller à l'encontre d'un objectif aussi bénédictin que le « sacré ». Cl. GEFFRÉ s'est surtout prononcé dans des recensions : l'une, du livre de J. Daniélou à laquelle j'ai déjà fait allusion, l'autre, dans *Concilium* n° 19, 1966, pp. 83-108, consacrée à la thèse de J. GRAND'MAISON (cf. note suivante) et intitulée « Désacralisation et sanctification ».

12 Je m'excuse auprès de ces deux auteurs de les annexer à la théologie alors qu'ils préfèrent sans doute se ranger dans les sciences humaines. Il reste qu'ils abordent ces dernières avec leur foi et à propos d'un sujet qui touche au régime de foi. Voir J. GRAND'MAISON, *le Monde et le Sacré*, 1, *le Sacré*, Paris, 1966 et J.-P. AUDET, « Foi et expression culturelle », dans *la Liturgie après Vatican II*, Cerf, Paris, 1967, pp. 317-356. L'auteur, guidé par le souci de rechercher les bases humaines de l'expression culturelle de la foi, présente un sens du sacré à trois niveaux : étonnement, crainte et admiration. Ce dernier niveau seul, libéré de la contrainte des deux premiers, peut être le terrain de l'expression de foi. Il semble que sa conception de l'admiration correspond assez bien à ce que d'autres philosophes, comme P. RICŒUR, appellent ouverture ou disponibilité. On retrouvera maints échos de cette position dans les rapports du colloque 1969 sur les religions populaires : *la Désacralisation*, H.M.H., Montréal, 1969.

13 Par exemple : « Désacralisation de la liturgie », *Paroisse et Liturgie*, 1966, pp. 702-717. La perspective désacralisante de l'auteur est située à un autre niveau que celle des auteurs précédents; il vaudrait mieux dire « déritualisation ». À ses yeux, l'incarnation postule que le Christ

Les questions nouvelles qui se posent se situent à la limite des sciences humaines et de la théologie : ce sacré dit « primordial » ou « originel » peut-il encore s'exprimer en termes de dépendance, comme le suggère J. Grand'Maison, ou ne faut-il pas davantage rencontrer l'homme moderne qui a certes l'expérience de sa finitude mais ne la rend pas nécessairement en termes de dépendance, mais plutôt de globalité et d'unité comme le propose J.-P. Jossua ?

Si l'Incarnation du Christ maintient, en s'y appuyant même, ce sacré primordial (ou le merveilleux) mais dissout irrévocablement la distinction entre le sacré (nous dirions « sacré au second degré ») et le profane, une autre question surgit alors : le Christ peut-il être présent à son Église sans la médiation d'un certain « sacré de culte » (« sacré au troisième degré ») comme le déclare J.-P. Jossua, ou bien faut-il pousser la désacralisation jusqu'à se faire à l'idée que la présence du Christ aux siens peut même se passer de ce sacré culturel, comme l'envisage en partie H. Manders ?

Nous aurons sans doute l'occasion de prendre parti dans cette problématique; il nous suffit pour l'instant de repérer l'existence de trois niveaux de sacré : ce que d'aucuns appellent le « sacré primordial » ou encore le « merveilleux » et qui se confond avec le mystère même de l'homme jeté dans l'existence; ce que l'on appelle sacré en tant qu'opposé au profane et qui correspondrait assez bien à ce que la société ou la culture a fait pour organiser la religion; enfin, au troisième niveau, ce sacré particulier que représentent le culte et la liturgie quand

---

rejoigne directement la vie humaine, dans sa sécularité. La liturgie ne procède plus, comme par le passé, d'un sacré religieux préétabli et immuable, mais de la vie même de la communauté enracinée dans le mystère du Christ caché et pourtant réellement présent.

on les oppose, en régime de foi, à la vie quotidienne. C'est dire que, en parlant de « désacralisation », nous aurons à situer cette dernière à au moins trois niveaux distincts pour savoir de quoi l'on parle.

Merveilleux

Le merveilleux suspend le quotidien pour étonner et amener à recréer la signification. À ce titre, le merveilleux permet de passer de la « nature » au « monde », de l'existence à la destinée, du besoin au désir. Mais, si floue que soit cette notion, elle peut être opposée à une autre : les « merveilles » (*mirabilia Dei*). En fait, la distinction entre « merveilleux » et « merveilles » est caractéristique du passage d'une religion naturelle à une religion historique ou, pour rester dans les catégories de J.-P. Audet, de l'étonnement à l'admiration.

Alors que le merveilleux intègre à sa définition le hasard et l'imprévu, la merveille est, au contraire, signée d'une volonté personnelle; alors que le merveilleux dérange l'homme et tient son existence d'une zone que l'homme ne peut atteindre, la merveille part certes d'une initiative indépendante de l'homme mais s'inscrit dans l'histoire de ce dernier, en modifie le déroulement et appelle à la collaboration et à la créativité.

Le merveilleux peut susciter l'adoration; la merveille inspire l'action de grâces. Cette distinction est particulièrement soulignée dans la sphère des spécialistes du tronc religieux judéo-chrétien; elle est par contre ignorée des ethnologues et des spécialistes de la religion primitive. On pourrait donc souhaiter en ce domaine une collaboration interdisciplinaire où l'étude du monde judéo-chrétien pourrait inspirer aux ethnologues une définition et une analyse plus différenciée du merveilleux. Cette « interdisciplinarité » permettrait d'ailleurs au débat moderne sur le structuralisme de progresser considérablement.

Il semble bien, en effet, qu'en matière religieuse la méthode structurale a surtout été pratiquée par des spécialistes de la religion primitive, terrain privilégié pour une telle méthode puisque la synchronie y domine. N'est-il pas arbitraire de généraliser des conclusions tirées de la structure de la religion du « merveilleux » à une religion de type judéo-chrétien où domine la diachronie des « merveilles » ?

La méthode structurale arrive sans doute à déterminer les éléments et les structures de « signification » du merveilleux; suffit-elle à déterminer le « sens » de la merveille ? Le merveilleux place Dieu du côté de la signification; la merveille le situe dans l'ordre du sens. Cela seul ne justifie-t-il pas l'opposition d'un P. Ricœur à la généralisation de la méthode structurale dans l'approche du phénomène religieux [14], le malaise des spécialistes du tronc judéo-chrétien devant les synthèses qui assimilent trop rapidement ce dernier au phénomène religieux en général et, en attendant mieux, la distinction que ces spécialistes tentent d'imposer à la science entre « merveilleux » et « merveilles », l'un étant le fruit de l'inconscient et du surconscient (onirique et cosmique), l'autre étant davantage le champ du conscient et de la visée (poétique) ?

Peut-être pourrons-nous d'ailleurs parler de « désacralisation » en définissant le passage d'une religion du « merveilleux » à une religion de la « merveille »; d'une religion de la signification à une religion du sens.

---

14 Voir en particulier P. RICŒUR, *le Conflit des interprétations*, Seuil, Paris, 1969, pp. 31-97; 431-457.

Religieux

Troisième terme du titre de cette communication : troisième ambiguïté à lever. Si l'on adopte, en effet, la définition de la religion proposée par E. Durkheim [15] et reprise par un grand nombre de spécialistes du phénomène religieux (ensemble de rites et de croyances vécus en communauté sur la base d'une distinction radicale entre sacré et profane), on aura quelque peine à entrer dans le débat soulevé chez les théologiens contemporains entre la notion de « religion » et celle de « foi ».

Durkheim avait veillé à proposer une définition qui englobe aussi bien les religions primitives que les religions évoluées comme le christianisme, mais des théologiens se prétendent mal à l'aise dans cette définition et revendiquent, pour le régime de foi, une originalité qui l'exclut pratiquement du phénomène religieux observé par Durkheim, faisant même de la foi une sorte de contre-religion qui récuserait la dichotomie de base du phénomène religieux : sacré–profane [16].

Quel que soit le terme de ce débat, il semble acquis que l'Église chrétienne, même si elle s'exprime au sein d'une masse de rites et de croyances qu'un sociologue ne peut qu'équiparer aux rites et croyances de toutes religions, prétend ne pas se laisser enfermer dans cet

---

15 E. Durkheim, *les Formes élémentaires de la vie religieuse*, P.U.F., Paris, 1968, Introd., pp. 31-66.
16 L'exploitation « religieuse » du sens du sacré primordial au cœur de la distinction sacré–profane n'est sans doute pas absolument arbitraire : l'expérience primordiale du mystère de la destinée humaine entraîne avec elle celle d'une sorte de faille entre ce que l'on est et ce que l'on pourrait être qui peut avoir inspiré la distinction religieuse entre le sacré et le profane. Si la foi chrétienne prétend précisément résorber cette faille et que c'est là la merveille de Dieu, on comprend qu'elle soit logique avec elle-même quand elle se situe en dehors de la dichotomie « sacré–profane ».

univers et revendique une autonomie à l'égard du fait religieux ainsi défini (même si cette autonomie n'est pas toujours observable).

Débordée en quelque sorte sur sa gauche par la définition d'une foi non religieuse, la conception durkheimienne de la religion est également débordée sur sa droite par l'utilisation que la société profane comme telle fait de rites et croyances indépendamment de toutes références proprement « religieuses » : le sport, le sexe, le niveau de vie, etc., sont revêtus de mythes et habillés de symboles qui peuvent être aliénants dans notre société de consommation, mais n'en expriment pas moins un certain sens de la vie, au-delà de l'ustensilité et de l'utilitaire.

Durkheim connaît de ces rites dégradés, qui, sortis de la sphère proprement religieuse, achèvent de mourir dans le folklore. Je ne pense pas qu'on puisse ranger purement et simplement les nouveaux rites et mythes de la société moderne dans cette catégorie du folklore.

De toute manière, ce double débordement du phénomène religieux alimente précisément deux aspects de la désacralisation dont on parle aujourd'hui : désacralisation de la religion par la foi (qui refuse la dichotomie fondamentale entre sacré et profane) et désacralisation de la religion par le profane (qui exploite à son propre compte le rite et la croyance). N'y a-t-il pas là un terrain propice à l'interdisciplinarité où théologiens, spécialistes de la société et spécialistes de la religion auraient à repréciser leur terminologie et leur méthode ?

II. — QUELQUES SITUATIONS DE DÉSACRALISATION

Ces préambules terminologiques achevés, nous sommes peut-être plus à l'aise pour cerner les phénomènes actuels de désacralisation et pour en apprécier contenus et significations.

On peut tout d'abord parler de désacralisation au sens de rejet par l'homme de ce niveau de sacré que nous avons appelé « sens primordial du sacré » (ou « merveilleux ») et qui rejoint en réalité le mystère même de l'existence humaine. L'homme refuse le défi de son existence, se réduit à un univers clos et absurde et considère comme fallacieux les ouvertures et les appels que comporte ce prétendu mystère de la condition humaine. Tel est l'univers sartrien par excellence.

Mais d'aucuns estiment qu'une telle désacralisation, si essentielle, correspond à un suicide de l'homme, à une *déshumanisation,* parce qu'elle frustre l'homme de son mystère même. Les écrits bibliques considèrent cette attitude comme le péché par excellence qui tue en l'homme l'ouverture nécessaire à l'approche de son mystère et à l'aventure de la foi[17]. La littérature moderne parle de ce péché en termes de huis-clos ou de citadelle.

On peut entendre comme désacralisation le mouvement contemporain qui retire à l'institution religieuse proprement dite (par exemple à son clergé) le monopole de la définition du sacré et de l'exploitation de son expression.

En Occident, l'institution ecclésiale a joui du pouvoir de définir le sacré et de l'exprimer. Cette situation assura longtemps le monopole de l'Église sur l'expression du sacré mais entraîna aussi maintes ambiguïtés : des hommes à la recherche d'une référence au

---

17 Cf. A. GREELEY, « Le Symbolisme religieux dans la liturgie et la communauté », *Concilium,* no 62, 1971, pp. 57-67.

« sacré du second degré » demandent au christianisme un rite conçu originellement comme référence à la foi (« sacré du troisième degré »), la « sacralisation » étant alors confondue avec la « sacramentalisation ».

Une réaction se dessine actuellement dans l'Église, qui tend à exclure de l'accès aux sacrements ceux qui s'en tiennent seulement à une recherche du « sacré du second degré » et se montrent rétifs à toute évolution de ce sentiment vers une ouverture et une disponibilité à l'action de Dieu dans la sainteté [18]. Dès lors que l'institution ecclésiale ne prétend pas satisfaire la requête de ce genre de sacré, on peut parler de « désacralisation » : l'Église n'exerce plus le monopole du sacré de second degré; elle ne retient que ce sacré qui, par-delà la distinction « sacré–profane », atteint à la sainteté; elle rejette le sacré de type « maternel », sécurisant les frustrations, authentifiant la société ou épongeant la culpabilité, ou tend à le faire évoluer vers un sacré de type « paternel », axé sur l'alliance, la liberté, le projet transhistorique.

Tandis que l'Église n'assume plus l'expression d'un certain sacré tout au moins sans tenter de l'éduquer, la société profane comme telle — et ceci est un phénomène nouveau — prend en charge la définition et l'expression de ce sacré du second degré : la publicité dans notre société de consommation assume certainement une fonction mythique et symbolique jusqu'ici monopolisée par l'institution proprement religieuse [19]; il en va de

---

[18] Cf. *Foi et sacrement* (Coll. *Vivante liturgie*, n⁰ 62), Centurion, Paris, 1966.

[19] Cf. les volumes déjà cités à la note 8.

même des fonctions ludique et sportive [20] ou des domaines politique ou scientifique [21], etc.

Tout se passe comme si l'exploitation du merveilleux se déplaçait de l'Église à la société. On peut donc parler de désacralisation pour décrire ce phénomène, non parce que le « sacré de second degré » est aboli, mais parce que l'institution proprement religieuse n'exerce plus à son égard le monopole qui la caractérisait précédemment et laisse au monde profane lui-même le soin d'exprimer son « merveilleux ». En d'autres termes, cette « désacralisation » consiste en fait dans l'*autonomie mutuelle* du sacré primordial et du sacré de second degré du « merveilleux » et de l'institution ecclésiale.

Assez proche de la conception précédente, un autre genre de désacralisation se produit aujourd'hui qui tend à donner au profane (ou au « temporel » comme on dit en morale chrétienne) son autonomie par rapport à tout prétendu sacré. Cette désacralisation refuse la dichotomie fondamentale au fait religieux du sacré–profane. Ce dernier ne tire plus sa consistance de la relation qu'il entretient avec le premier; il a son épaisseur propre.

Les faits de ce genre sont nombreux et, pour ne parler que du domaine de la chrétienté, signalons la « déconfessionalisation » de maints mouvements politiques ou syndicaux, voire des écoles et des œuvres de

---

20 R. CAILLOIS, *les Jeux et les Hommes*, Gallimard, Paris, 1958; E. FINK, *le Jeu comme symbole du monde*, Minuit, Paris, 1966; J. BRUN, *le Retour de Dionysos*, Desclée, Paris, 1969. Il suffit de mesurer l'importance régulatrice de vie du calendrier sportif à la télévision américaine pour y retrouver la régulation anciennement exercée par l'année liturgique.

21 La technique et la science, si profanes qu'elles soient, expriment à leur tour le sacré qu'apparemment elles combattent, chaque fois qu'elles veulent exprimer la visée ultime de l'homme sur sa propre vie et sa recherche du bonheur. On peut regretter qu'en face de cette prétention, à la limite monstrueuse, il n'y ait que les prétentions des *hippies* à un sacré bien maternel et si gauchement contre-culture.

charité, la « déclergification » des mouvements d'action sociale où le laïc accroît son influence même dans le domaine du spirituel, du leadership, aux dépens d'un clerc qui ne sait plus toujours où se situer; enfin, la « déthéologisation » de maints mouvements par lesquels l'Église exerçait sur la pensée et l'action une influence qui se limite aujourd'hui à l'élaboration en dialogue d'une simple déontologie ou d'une éthique générale [22].

Il ne nous appartient pas de dire ici si cette scission entre sacré et profane doit son origine au processus de *sécularisation* ou s'il n'est pas un fruit du régime de foi lui-même. Il reste, en tout cas, que maints spécialistes de la foi ne se montrent pas du tout ennuyés par cette désacralisation qui rend au profane une autonomie longtemps compromise par le sacré au second degré et lui permet dès lors d'exprimer, à son niveau, le sacré primordial qui le bâtit en profondeur et sur lequel la foi peut se greffer.

En libérant le profane de cette tutelle sacrée, cette désacralisation libère en même temps le sacré primordial et lui ouvre les voies d'une réalisation autonome.

L'œuvre et la vie de Jésus-Christ peuvent être présentées comme une « désacralisation »; mais, ici encore, il s'agit de bien s'entendre.

Le Christ se manifeste en effet comme un contestataire des institutions sacralisantes de son temps (sacré au second degré) : « détruisez ce temple... » (*Jn.*, 2); « vient un temps où ce n'est plus sur cette montagne, mais en esprit et en vérité... » (*Jn.*, 4); « vos pères ont mangé la manne et sont morts... » (*Jn.*, 6). Il met parti-

---

22 Cf. H. DESROCHE, *Sociologies religieuses*, P.U.F., Paris, 1968, pp. 27-34; c'est au nom de cette désacralisation particulière que l'auteur propose d'ailleurs de faire une sociologie des religions plutôt qu'une sociologie religieuse.

culièrement en question la distinction religieuse entre sacré et profane : il travaille le jour du sabbat, il confond aliments purs et impurs, il déborde les limites de la foi, il franchit les frontières de la terre sainte. Mais il s'explique aussitôt sur cette opération de « désacralisation » : c'est le mystère même de l'homme (tel qu'il prétend le vivre, lui, de façon particulière) qu'il veut rejoindre et non les institutions qui l'exploitent plus ou moins mal. « Le sabbat est pour l'homme et non l'homme pour le sabbat. » Jésus, l'homme par excellence, est le nouveau temple, son propre mystère lui permet d'être le nouveau pain, la nouvelle eau, le nouveau pasteur...

En réalité, le Christ récuse à l'institution religieuse de son temps (et probablement de tous les temps) le droit de se substituer au sacré primordial qui est le non-conditionné de la condition humaine. Il « désacralise » pour mieux sauver l'essentiel du sacré primordial et le préparer à passer, en régime de foi, au plan du « saint » (ce n'est pas les aliments qui rendent impurs, mais ce qui sort de la bouche; cf. aussi, en saint Paul, le thème de la circoncision du cœur).

En fait, la désacralisation opérée par le Christ est une manière de sauvegarder le sens originel du sacré en le libérant de l'entreprise institutionnelle religieuse pour lui proposer son accomplissement dans l'ordre de la sainteté (cette « sainteté » est le sacré de « sens », par opposition au « sacré » de signification). À ce titre, on pourrait dire que cette désacralisation christique consiste en une *désinstitutionnalisation* du sacré de second degré au profit de la sanctification du sacré primordial.

Conséquence de cette désacralisation instaurée par le Christ, une autre espèce de désacralisation joue (ou devrait jouer) dans l'Église. S'il est vrai, comme l'annonce le Christ, que le mystère ultime de la personne humaine s'accomplit dans la « merveille » de la filiation divine et la sainteté, par-delà l'institutionnalisation du sacré et la distinction entre sacré et profane, il reste que cet accomplissement est considéré par l'Église comme trans-historique. Atteinte par le Christ dans sa résurrection, cette « merveille » n'est pas encore pleinement rejointe par l'Église et ses membres.

Certes, l'Esprit du Christ est déjà censé à l'œuvre en eux mais comme en transition, provisoirement. Cette merveille ne peut cependant pas être seulement invisible : il serait étrange en effet, anthropologiquement parlant, que l'homme chrétien ne dispose ni de gestes, ni de symboles, ni de rites, et que la communauté qu'il forme n'ait aucune structure, aucune célébration... Curieuse humanité du Christ qui se passerait de l'humanité de ses frères pour anticiper parmi eux la merveille du royaume !

C'est pourquoi l'Église a des rites et des sacrements, d'autant plus nécessaires que non seulement ils correspondent à la structure anthropologique de chacun mais qu'ils veulent assurer la visibilité du Seigneur, devenu réalité transhistorique. Mais le rite ecclésial porte avec lui une sorte de caducité, de statut provisoire (« sacré au troisième degré »), qui lui interdit de jouer à l'absolu comme le prétend le rite de type institutionnel religieux (celui-là précisément que le Christ a combattu). Ce « sacré » ecclésial est sans cesse menacé : tenté d'aller au merveilleux plutôt qu'à la merveille; menacé de « sacraliser » plutôt que de « sanctifier », menacé de se substituer au profane alors qu'il vit de lui; invité à se transformer en absolu exclusif (comme le « sacré de second degré ») alors qu'il est signe provisoire d'une merveille eschatologique.

À cet égard, on peut parler d'une désacralisation nécessaire et constante qui maintient sans cesse le rite ecclésial dans son caractère subalterne, le rattache toujours à la vie profane et en relativise constamment les formes culturelles : *liturgia semper reformanda!* La notion d'une liturgie entièrement désacralisée, qui exprimerait le caractère fondamentalement séculier, historique, du christianisme allant à Dieu par la vie humaine elle-même, est une notion juste mais qui relève de l'espérance chrétienne; elle est cependant un idéal authentique de pureté auquel doit être confrontée la liturgie actuelle.

À ce titre, la baisse de la pratique sacramentelle d'aujourd'hui n'est pas nécessairement le signe d'une dégradation; elle peut aussi être l'expression d'une conscience plus eschatologique et judicieusement « désacralisante ». De même, la volonté des chrétiens d'aujourd'hui, de se définir davantage par l'engagement dans la vie que par la participation au rite, n'est pas nécessairement un manque de foi mais peut très bien être l'expression de la recherche d'un nouvel équilibre dans le rapport « rite–vie » ou dans le rapport « sacré–sainteté » qui est sans cesse à revoir dans l'Église, jusqu'au jour « où il reviendra ».

Ainsi comprise, la désacralisation est, à ce niveau, une remise en question constante du rite chrétien (« sacré du troisième degré »), une sorte de *déritualisation* permanente qui relativise le culte en fonction de l'espérance d'une vie humaine rejoignant son ultimité dans la subsistance de par Dieu et qui rattache constamment le rite à la vie, de peur qu'une existence trop autonome du premier ne le « religiosifie » abusivement. Tout se passe donc comme si le régime de foi que propose le christianisme avait la prétention de se brancher directement sur le sens primordial du sacré, sans passer par l'intermédiaire de la religion et de ses institutions. Nous sommes ici au cœur du débat sur les rapports entre religion et foi.

Application assez secondaire mais nullement à dédaigner de cette désacralisation constante des rites, on pourrait parler encore de désacralisation à propos des formes dites « sacrées » (mais l'expression est presque abusive) que la liturgie traîne avec elle et « sacralise », en quelque sorte, dès qu'elle pénètre une culture donnée. Ainsi parle-t-on volontiers d'une « musique sacrée » (sacrée voulant dire ici monopolisée par la liturgie alors que la culture ambiante s'en est détachée) pour désigner des formes musicales qui ne doivent leur subsistance qu'à l'existence d'un culte un peu à contre-courant du milieu. Parler de désacralisation en ce domaine, c'est renoncer à accorder des privilèges exclusifs à certaines formes culturelles, fruits de la rencontre de la foi et de civilisation, dans la mesure où ces formes paralysent l'Église dans sa rencontre avec un monde nouveau et se confondent avec le sacré de second degré. La désacralisation correspond alors à une spontanéité et à une créativité qui se libèrent des formes traditionnelles et des catégories prétendument fixées une fois pour toutes pour faire place à la nouveauté [23].

Désacralisation équivaut alors à *renouvellement*. Le fait est important. Il n'y a pas lieu toutefois d'insister davantage sous peine de nous distraire de l'essentiel.

★

Si l'on veut bien admettre cette distinction compliquée que nous avons établie entre sacré primordial (le sens du mystère même de la vie humaine), sacré de second degré (l'exploitation faite par la religion de ce

---

[23] Voir par exemple, dans le domaine de la musique : H. HUCKE, « Pour une nouvelle musique d'église », *Concilium*, n⁰ 62, 1971, pp. 77-85.

mystère dans la dichotomie sacré–profane) et sacré de troisième degré (l'expression rituelle en régime de foi, provisoire et en tout cas non bâtie sur la dichotomie sacré–profane), nous aurons comme principales opérations de désacralisation :

1. celles qui libèrent le sacré primordial ou le merveilleux de son exploitation religieuse (sacré au second degré) : autonomie du profane et libération de l'Église par rapport à ses tâches sacrées (de second degré);

2. celles qui libèrent le régime de foi de ses implications religieuses, soit en contestant dans l'Église tout ce qui provient de l'institution du sacré de second degré, soit en révisant constamment le sacré de troisième degré, provisoirement nécessaire et en vérifiant constamment ses attaches avec la vie réelle et avec les formes culturelles qui la revêtent.

L'enjeu de cette discussion, un peu savante et même verbale, paraît en réalité très précis. En demandant aux sciences humaines et à la théologie une interdisciplinarité qui permettrait une terminologie plus précise et plus opératoire, on respecterait l'objectif et la méthode de chacune de ces sciences et on assurerait pourtant le terrain sur lequel la démarche du théologien pourra mieux préciser les chances de l'évangile dans un monde largement sécularisé et, jusqu'à un certain degré, non religieux, qui garde, cependant au plus profond de lui-même, le mystère du sens de l'existence, et la souffrance de cette faille originelle qui paraît s'être glissée entre l'être et l'existence, incitant l'homme à vivre dans la recherche des valeurs et la liberté d'un sens puisé éventuellement à même la vie du Christ.

LE MERVEILLEUX
DANS LA POÉSIE QUÉBÉCOISE

Georges-André Vachon

La notion de merveilleux est historiquement liée à l'étude des genres narratifs : épopée, poème récitatif, drame, et plus tard, roman, conte et nouvelle. Elle s'applique aux œuvres qui semblent décrire des séries d'événements, et distingue, parmi ceux-ci, les ordinaires, qui suivent le cours naturel des causes et des effets, des extraordinaires, produits par des causes dites surnaturelles.

Qu'advient-il de cette distinction, et de la notion de merveilleux, lorsqu'on tente de l'appliquer à des textes qui ne se rapportent à aucun événement : à des textes lyriques ? Que je relise le début de la première *Pythique* de Pindare :

> *Lyre d'or !*
> *Apanage commun d'Apollon et des Muses*
> *Aux tresses violettes*

ou les premiers vers d'un poème, intitulé « ICBM », inspiré à Paul-Marie Lapointe par la menace atomique :

> *chaque jour étonné tu reprends terre*
> *cette nuit n'était pas la dernière*
>
> *mais le brontosaure*
> *mais César*
> *mais l'inca*
> *mais le Corbeau te guette*
>
> *monde mou...*

et je me retrouve dans un lieu où, à la lettre, *tout* semble extraordinaire. Le Brontosaure, l'Inca, le Corbeau, figures de la Menace Absolue, sont tout aussi fabuleux que les dieux et déesses de Pindare : cela s'entend sans peine.

Mais la « lyre d'or » est, elle aussi, un objet extraordinaire, et dès avant son attribution au dieu des dieux; et de même, les « tresses violettes », non parce qu'elles désignent quelque chevelure divine, mais parce que ce sont des tresses *violettes,* et que l'expression, tout comme la « mer violette » des poèmes homériques, énonce une absurdité, du point de vue de la « nature ». De même encore, si je relis les deux premiers vers du « ICBM » avec un peu d'attention :

> *chaque jour étonné tu reprends terre*
> *cette nuit n'était pas la dernière*

je constate que l'étonnement, ici, n'a rien de commun avec l'un quelconque des états d'esprit de la vie quotidienne : il est comme magnifié à l'infini et arrache à la trame du temps les objets pourtant bien simples que désignent, en principe, les mots « jour » et « nuit ». Ils deviennent des êtres uniques, soustraits au multiple de la Nature, et ils épuisent, dans un seul contexte, toute la compréhension et toute l'extension de l'idée de *jour,* de *nuit,* d'*étonnement.*

Dans un texte poétique, lequel est le plus surnaturel, du satyre ou de son contexte de feuillage, de la nymphe ou de l'eau, du revenant ou de la lune qui l'accompagne ? Surhommes ou demi-dieux, gouttes de rosée ou de pluie, nuages, violettes, lièvres, et jusqu'à la marmotte commune : la poésie ne connaît que des réalités extraordinaires — du moins à première vue.

Cette première vue est peut-être une illusion d'optique; mais elle a au moins le mérite de rendre inopérante, en poésie, la distinction entre « êtres naturels » et « êtres surnaturels ». Le langage poétique a la propriété de niveler, de rendre homogène, ce que la langue commune sépare et distingue. Nivellement par le haut ou par le bas ? Mais ce sont encore catégories et distinctions de la langue commune. Pour y voir clair, revenons à la poésie.

Pour « revenir à la poésie », il ne suffit pas de lire à haute voix un texte quelconque tiré d'une anthologie, pourvu qu'il soit écrit en vers ou qu'il soit un morceau de prose dite poétique. Il faut au contraire, et tout simplement, revenir à un texte qu'une émotion précise, et récente, m'a signalé comme certainement poétique. Je ne vois pas que la réflexion sur le merveilleux en poésie puisse avoir d'autre point de départ que celui-là.

Parcourant, ces jours derniers, le numéro du 7 octobre de la *New York Review of Books*, j'y trouve un article d'Elizabeth Hardwick, sur l'automne dans l'État du Maine. Une phrase, et dans cette phrase, une expression de deux mots, dès la première lecture, m'émeuvent d'une manière tout à fait particulière :

> *The clearest of blue skies, the dazzling sun on the bay, the warm grass, the brilliant summery white of the harbor alive with sails : still, even so, there is always behind the brightness the domain of winter — fog, rain and snow.*

Je puis dire qu'au milieu de cette phrase déjà belle, aux mots *warm grass* (l'herbe chaude), j'ai eu le souffle coupé; et j'ai reconnu là la même qualité d'émotion qu'à la centième lecture des *tresses violettes* de la première *Pythique*, de la *mer violette* de l'*Illiade*; ou encore, de ces phrases de Rimbaud :

> *Aussitôt que l'idée du Déluge se fut rassise, un lièvre s'arrêta dans les sainfoins et les clochettes mouvantes, et dit*

sa prière à l'arc-en-ciel à travers la toile de l'araignée.
Oh ! les pierres précieuses qui se cachaient, les fleurs qui
regardaient déjà...

de ces vers de Paul-Marie Lapointe :

amoureuse
thé des bois
par touffes répondant au soleil...

ou de Miron :

Ô ton visage comme un nénuphar flottant !

Si je m'en rapporte aux catégories du sens commun
et de la langue commune, je dirai que plusieurs de ces
textes reposent sur des métaphores, et que la métaphore
a pour fonction de faire « mieux voir » un objet ou une
action. Mais attention ! c'est là un procédé qu'emploie
couramment la langue commune elle-même. Quand elle
parle d' « escalade de la violence », quand elle dit qu'un
industriel est allé « dénicher » un contrat, elle superpose
deux actions, dites l'une concrète et l'autre abstraite,
dont les différentes phases se correspondent parfaitement. Ces métaphores « font voir », « font mieux voir »
l'objet du discours.

Que l'intelligence essaie maintenant de penser le
langage poétique, et elle en fera une simple forme,
extrême peut-être, mais en fin de compte, une variété
parmi d'autres, de la langue commune. L'intelligence ne
peut pas ne pas être prisonnière de ses catégories : pour
elle, point de différence substantielle entre image poétique et métaphore commune. Et l'esprit peut choisir
de se constituer prisonnier de l'intelligence; mais dès
qu'il commence à accorder le moindre crédit à l'émotion,
il se situe d'emblée hors de la prison.

L'intelligence cherche à ramener à du déjà connu tout ce qu'elle reçoit. C'est son rôle, et il faut dire qu'elle le joue d'une manière tout à fait automatique et aveugle. Lorsque je lis : *The clearest of blue skies, the dazzling sun on the bay, the warm grass, the brilliant summery white of the harbor...,* etc., l'émotion provoquée par *warm grass* (l'herbe chaude) s'est à peine manifestée que, déjà, l'intelligence essaie de la résorber; elle se persuade que *warm grass* renvoie à du déjà vu, à du déjà senti; que ces mots, autrement dit, désignent un objet parfaitement représentable. L'intelligence ne comprendra jamais que le langage, à de certains moments, puisse avoir d'autre intention que figurative.

Mais qu'est-ce que l'émotion, sinon une espèce de signal qui se déclenche, automatiquement lui aussi, toutes les fois que l'esprit atteint un « seuil », un point au-delà duquel il ne peut plus s'appuyer sur l'intelligence. Et de fait, si l'intelligence sait, et peut parfaitement se représenter ce que c'est que « de l'herbe », et ce que c'est que « la chaleur », elle est incapable de réunir ces deux termes en un objet cohérent, c'est-à-dire, en tout point rapportable à du déjà connu. De l'herbe, non pas humide ou sèche, verte ou jaunie, drue ou clairsemée, mais « chaude », voilà qui n'est pas vraisemblable. Sans doute parce que l'imagination associe spontanément le vert à la sensation de fraîcheur; et aussi parce que même au plus fort de l'été, l'herbe est perçue comme un lieu qualitativement impénétrable à la chaleur. En un mot, de l'herbe chaude, cela n'est guère vraisemblable. Et pourtant, cela est ! affirme notre texte. Et ce n'est pas tout qu'il l'affirme, encore faut-il que l'affirmation soit convaincante.

Définition : la poésie est un langage qui affirme, d'une manière tout à fait convaincante pour l'esprit, la réalité de l'invraisemblable.

Entre « herbe » et « chaude », il y a un hiatus que les habitudes de la perception n'arrivent pas à combler. Même hiatus — je serais tenté de dire : même abîme — entre les deux termes de l'expression « la mer violette »; hiatus qu'aucune considération de sémantique structurale, de lexicologie ou de climatologie méditerranéenne ne permet d'annuler.

Je sais bien que le champ sémantique de la couleur change de structure, quand on passe des dialectes ioniens au français moderne; je sais aussi que la mer, à certains moments du jour et de l'année, que la mémoire sensible perçoit justement comme exceptionnels, peut se couvrir de tons violets. Mais l'auteur de l'*Odyssée* fait, de ces deux mots, une sorte de couple naturel, comme si le violet était la couleur habituelle de la mer, et l'une de ses qualités mentales, et là seulement, ne peut concevoir une Méditerranée dont la couleur naturelle soit poussée à un bleu si extrême qu'il en devienne violet. Elle ne conçoit pas davantage l' « aurore aux doigts de rose », image qui, aujourd'hui même, après trente et quelques siècles, n'a pas encore commencé à vieillir.

Même si l'on suppose l'auditoire d'Homère plus naïf ou plus primitif, en tout cas plus perméable à l'illusion poétique que nous ne le sommes (ce qui est certainement une contre-vérité), il demeurera à jamais impossible de superposer, d'une manière qui soit satisfaisante pour l'intelligence, la lumière diffuse, et rose, de l'aurore, et la forme d'un personnage féminin, dont les doigts, roses, doivent demeurer à l'avant-plan du tableau. L'image est presque aussi risquée, aussi audacieuse, et certainement, aussi peu figurative que celles-ci, tirées d'un recueil d'André Breton :

> *sur le pont la rosée à tête de chatte se berçait;*

ou encore :

> *l'air de la chambre est beau comme des baguettes de tambour.*

Qu'importe que ces phrases soient construites de telle manière que leurs éléments ne convergent vers rien qui appartienne à l'ordre du représentable. Qu'importe, si elles sont convaincantes! Dans l'instant où je lis, il y a quelque chose en moi, contre toute vraisemblance, qui affirme : « l'air d'une chambre, beau comme des baguettes de tambour, cela existe! » et « la rosée à tête de chatte, cela existe », et la « mer violette! » de même que, dans les *Illuminations* de Rimbaud, et en dépit des protestations du sens commun, des « pierres précieuses » surprises dans l'acte de « se cacher » et des « fleurs » qui, pour la première fois, « regardent » le monde.

Cela existe, mais où ?

Avant de répondre à cette question, revenons aux vers de Miron et de Paul-Marie Lapointe déjà cités, et qui pourraient, à première vue, paraître nettement figuratifs. *Ô ton visage comme un nénuphar flottant!* Le nénuphar intervient ici pour faire « mieux voir » le visage ? Rien de moins évident, car la préposition « comme » n'est qu'un lien abstrait, esquissé comme à travers le vide, et qui rattache, d'une manière tout à fait aléatoire, « visage » à « nénuphar ».

Il sera à jamais impossible de savoir sur quels points précis de ces deux objets cette métaphore, qui n'en est pas une, vient s'appuyer. Ce visage est-il horizontal,

comme le nénuphar ? Est-il mobile, comme fleur sur
l'eau ? On devine qu'il est blanchâtre, vaguement ovale
ou circulaire, comme le nénuphar, mais rien de tout
cela n'est directement exprimé. L'esprit peut, à l'infini,
inventer des traductions intellectuelles de cette image :
elles sont toutes également probables, ou improbables,
comme l'on voudra.

Et que l'on ne dise pas qu'il appartient à chaque
lecteur de recréer *en lui* je ne sais quel objet composite
né de la superposition d'un visage et d'un nénuphar.
En lui, ce doit encore être à l'intérieur des catégories
imaginatives, et il n'y a justement, là, nulle place pour
un tel objet. Autrement dit, ce vers ne peut être
« compris », c'est-à-dire interprété, c'est-à-dire encore,
exprimé en d'autres termes, remplacé par un équivalent
intellectuel quelconque.

Ce vers, tout ce que j'en puis faire, c'est le relire :
Ô ton visage comme un nénuphar flottant ! Et le relisant,
je constaterai peut-être, entre autres, qu'une interprétation, quelle qu'elle soit, ne retiendra jamais le sens
de l'exclamation initiale : *Ô !* mot-outil, si l'on veut,
mais ici, aussi essentiel à l'image, aussi substantiel que
les noms d'objets « visage » et « nénuphar ».

Les vers déjà cités, de Paul-Marie Lapointe, ont
la même qualité poétique :

> *amoureuse*
> *thé des bois*
> *par touffes répondant au soleil...*

Et pourtant, Dieu sait que l'intelligence, qui est de sa
nature plus discoureuse que contemplative, s'empresse
d'échafauder, sur ces quelques mots, toute une histoire.
Le soleil, c'est l'amoureux ! et de même que le thé des
bois, une touffe après l'autre, reçoit et reflète les rayons

du soleil, le corps de l'amoureuse réagit à la caresse de l'amoureux ! Mais rien de cela n'est dit, et le poète ne suggère rien de plus qu'un parallélisme très général entre le couple amoureux–amoureuse, d'une part, et thé des bois–soleil, de l'autre. Entre ces deux couples, et tout autour des liens extrêmement fragiles que l'intelligence peut tendre, de l'un à l'autre, c'est l'abîme !

L'image poétique a donc le pouvoir de projeter l'esprit, ou plutôt, de lui faire entrevoir, l'espace d'un court instant, l'existence d'un au-delà du représentable, d'un au-delà des catégories, d'un au-delà du déjà connu, du déjà vu, du déjà senti. Et le concept de « nature », que l'intelligence, justement, oppose à une « surnature », ne désigne rien d'autre que le domaine propre de l'intelligence elle-même. Nature, c'est la somme des catégories; c'est ce qui, de par sa constitution, est fermé, fermé à l'autre, à cet au-delà qu'il faut bien appeler Surnature.

Les catégories, qui *constituent* la Nature, ne sont rien que des règles, posées *a priori*, de langage et de comportement. Elles soumettent toutes choses : objets, actions, situations, à la loi des couples d'opposés. L'intelligence règne sur ce qu'elle appelle « réalité », en y instaurant un régime de séparation et de division : entre le haut et le bas, le rêve et la réalité, le bien et le mal, le rationnel et l'irrationnel, etc.

Le merveilleux poétique n'est rien que la négation de cette loi, qui s'applique peut-être à la Nature, mais certes pas à l'Être. Il faut rappeler ici une phrase souvent citée du *Second manifeste du Surréalisme* : « Tout porte à croire qu'il existe un certain point de l'esprit d'où la vie et la mort, le réel et l'imaginaire, le passé et le futur, le communicable et l'incommunicable, le haut et le bas cessent d'être perçus contradictoirement. » Ce que l'intelligence appelle réalité, c'est un certain canton, reculé, et restreint, de l'Être, où il est inconcevable que la vie soit la mort, et la mort, la vie, où le passé n'est jamais que le passé, jamais le futur.

Mais un texte est poétique, dans la mesure où celui qui écrit, sortant délibérément du canton nommé peut-être à tort réalité, descend profondément en lui-même, et se rapproche de ce que Breton appelle le « point suprême », où toutes catégories sont abolies. Si l'expression « mer violette » est à la fois absurde et convaincante, c'est que le poète, au moment où il écrit ces mots, s'est rapproché d'un au-delà de la nature, d'un certain point de l'être, où toutes choses communiquent.

★

Dans cette entreprise d'exploration, il n'y a pas lieu d'accorder à la poésie québécoise un statut particulier. Il y a parmi nous quelques authentiques poètes, quelques messagers de l'au-delà : Miron, Lapointe; je pourrais sans doute en nommer quelques autres. Mais, comme en France au temps de Rimbaud, en Grèce au temps d'Homère, ils sont, et seront toujours peu nombreux.

Il n'est pas si facile de tourner délibérément le dos à la Nature...

IV

SYNTHÈSE ET PROSPECTIVE

LE SENS DU MERVEILLEUX

Jean-Charles FALARDEAU

Il faudrait la fulgurance de l'aigle, l'ondoyance du serpent, la rapidité du coureur « qui ne laisse pas de trace » pour prétendre offrir ce que le programme désigne ambitieusement comme une synthèse des propos de ce colloque. Ou encore je souhaiterais posséder, au moins pouvoir traduire, certaines des géniales intuitions de l'un de ceux qui ont le plus merveilleusement écrit du merveilleux à notre époque, André Breton; être rompu aux patients procédés grâce auxquels nos amis Luc Lacourcière et Benoît Lacroix ont recueilli avec admiration les signaux de l'émerveillement dans le monde où nous vivons.

Je ferai plutôt une chose très simple, qui consistera à dire ce que j'aime retenir de ces débats dans la perspective d'une problématique vers laquelle mes préoccupations, mes préférences, ma propre vision du monde depuis longtemps déjà me dirigent. C'est dire que j'aborde cet inépuisable sujet dans la perspective d'un homme de 1971, au seul niveau qui me paraît légitime sous peine d'angélisme ou d'intellectualisme : un niveau existentiel, ou si l'on préfère, phénoménologique.

Seul, en effet, peut parler du merveilleux quiconque est en mesure de dire : « Le merveilleux existe, je l'ai rencontré ! » Ainsi, au terme de *Nadja,* parle André Breton de la Merveille « en qui, dit-il, de la première à la dernière page de ce livre (sa) foi n'a pas changé ». Ainsi exulte encore Breton à chacune des pages du *Cantique des cantiques,* du merveilleux littéraire qu'est *l'Amour fou.* Ainsi s'exprime avec une émouvante conviction Pierre Mabille à chaque étape de l'ensorcelant itinéraire qui jalonne *le Miroir du merveilleux* [1]. Ainsi pourrait s'exprimer chacun de nous pour peu que, déliant l'écheveau des contraintes mentales ou sociales, il sache redevenir sensible aux illuminations des repaires de l'enfance, aux tensions extrêmes de l'être, aux signaux du sur-réel.

Il apparaît, en effet, que le terme « merveilleux » est l'un des plus ambigus qui soient. Terme fluide, ondoyant, relatif. Fernand Dumont a justement remarqué que l'on ne peut le proposer qu'en le posant en rapport avec d'autres termes avec lesquels il entretient de subtiles et profondes associations, en particulier : sacré, surnaturel. On a, au cours de ce colloque, identifié tous les parents immédiats ou lointains de la famille de mots français dérivés du latin *mirari,* depuis admirer, en passant par miracle jusqu'à miroir.

Le miroir, auquel je m'arrête un peu plus longuement que Jean-Paul Montminy, car j'y vois plus qu'un prétexte à reflets narcissiques. Le miroir est peut-être le plus banal mais c'est aussi le plus extraordinaire des instruments magiques. « La surface réfléchissante des eaux calmes, premier miroir naturel, divise l'univers », écrit Pierre Mabille [2]. « D'un côté, l'ensemble des objets

---

[1] Pierre MABILLE, *le Miroir du merveilleux,* Les Éditions de Minuit, 1962, préface d'André Breton.

[2] *Ibid.,* pp. 22, 23.

tangibles, lieu de notre effort volontaire, de l'autre, les images, monde inversé, fugitif, que le souffle du vent, la chute d'une feuille déforment et anéantissent. Le miroir engendre les premières interrogations métaphysiques, il nous fait douter du témoignage des sens, il pose le problème des illusions... Placée devant l'expérience du miroir, la pensée s'engage dans une suite interminable d'interrogations inquiètes. Devant le miroir, le problème se pose de joindre la nécessité humaine, résultante de nos désirs, à la nécessité naturelle conduite par des lois implacables. »

En tout premier lieu, un fait capital est à souligner. Il y a le qualificatif « merveilleux »; il y a le substantif. Le premier apporte un surcroît de signification, un registre nouveau (un changement de combinaisons de jeux, comme on dit à l'orgue), si on l'applique à un champ de perceptions ou d'activités : ainsi, si je parle d'un paysage merveilleux, d'une musique merveilleuse, d'un être merveilleux. « Merveilleux » provoque d'infinies résonances si on l'associe à « autre chose ». Dès, cependant, qu'on substantifie l'adjectif, il est promu au statut de genre, le merveilleux, et devient périlleusement abstrait. Si l'on parle du merveilleux, on postule qu'il existe des situations, des événements, des objets qui, de soi, commandent l'émerveillement.

Or, non seulement les communications de ce colloque mais l'expérience sont là pour protester qu'il est loin d'en être tout à fait ainsi. Le spectacle des îles côtières de l'Amérique du Nord émerveillait le narrateur des récits de Jacques Cartier et laisse indifférent le voyageur du xxᵉ siècle. Tel choral de Bach qui me transporte dans l'éternité ne « dit rien » à des amis qui me sont proches. Un fidèle de l'Église orientale est en extase durant une cérémonie religieuse que j'observe seulement en spectateur intrigué. Dire d'un être, d'un objet, d'un événement qu'ils sont merveilleux est une appréciation subjective. Le jugement ou l'évaluation qui les définit comme merveilleux tient à ce que Jean-Paul Audet a appelé un « investissement » par le sujet face à l'objet. Je dirais, dans un même esprit, à une attitude, à une visée qui est de moi, ou du groupe auquel j'appartiens, ou de la culture de la société dans laquelle je suis né.

Ce que j'estime merveilleux m'apparaît dans une « aura » (pour reprendre l'heureux terme de Dumont) qui ne tient pas tant à l'objet qu'à mes propres dispositions. D'où la profonde vérité de la fable du Tao évoquée par Jean-Paul Audet et de l'interprétation qu'il en donne. L'image merveilleuse, dit-il à peu près, fournit une médiation appropriée à l'illimitation du désir. La raison pour laquelle nous disons merveilleux a son origine dans le conflit permanent qui oppose les désirs du cœur aux moyens dont on dispose pour les satisfaire. Est merveilleux ce qui dessine l'horizon des vœux profonds, des désirs ou des passions en leur offrant la possibilité d'une réalisation à l'encontre des probabilités du cours ordinaire des choses.

C'est une des fonctions éminentes de l'art de répondre à ces désirs et à ces besoins en nous offrant l'expression d'un au-delà de nos attentes, d'un au-delà des significations habituelles du monde. Surmontant la tension entre nos désirs et le cours inexorable ou la fixité de la nature, l'art vise à nous projeter dans le surréel que comprime ou que contrarie l'existence. Appelé des profondeurs de l'inconscient, issu du rêve, entretenu par la rêverie, il s'installe dans ce repos, dans cette « rupture » dont on a parlé et provoque des

voyances qui sont des épiphanies, des révélations. Il vise
à accomplir ce que la vie n'a pu satisfaire : des choses
admirables (*mirabilia*) : des choses dignes ou suscep-
tibles d'être regardées ou entendues, des choses extraordinaires.

Dans la mesure où merveilleux signifie le terme
d'une visée, on peut dire qu'il correspond essentiellement
à une attitude de la part de quiconque sait ou peut
s'émerveiller. Pour autant, on peut parler, on doit parler
d'un *sens* du merveilleux. On en a d'ailleurs parlé et
je songe, en particulier, aux propos de Bachelard sur le
« sens de l'irréel », en tant que celui-ci s'oppose au sens
du « réel » entendu comme la faculté qui nous maintient
au niveau du rationnel, de l'explicable [3]. Ce sens de
l'irréel ou du surréel commande l'imaginaire dont il est
peut-être la forme extrême. Il varie selon les individus,
il varie de culture à culture, il varie d'époque en époque.
Il est intimement associé à une attitude plus globale, à
une vision du monde dans laquelle baignent les significations que nous donnons aux rapports qui nous lient
à ce qui nous entoure. Ainsi, non seulement ne peut-on
parler d'un merveilleux qui existerait en tant que catégorie générale, mais on doit reconnaître que le sens
du merveilleux est lui-même essentiellement relatif,
variable, fluide, oscillant.

Chaque civilisation, chaque époque de chaque civilisation a ressenti comme merveilleux ce qu'elle désirait
ou ce qu'elle méritait. Aussi bien, au fur et à mesure
des progrès de la connaissance rationnelle, ce qui appa-
raissait auparavant comme merveilleux peut passer au
rang des phénomènes explicables. Les métamorphoses
du Lucius Apulée ou les enchantements dans lesquels

---

3 Gaston BACHELARD, *l'Air et les Songes,* Paris, José Corti, 1943.

l'attirait la déesse Isis n'étaient déjà plus merveilleux aux yeux d'un grand nombre de ses contemporains de Rome. La fascination dans laquelle nous entraînaient les récits de Jules Verne a été réduite à une curiosité scientifique parmi d'autres depuis que nous avons vu des astronautes alunir, un certain soir d'août 1969.

Il est d'ailleurs intéressant de noter que l'histoire, si l'on y prête attention, apparaît comme soumise à une certaine loi d'alternance entre deux pôles que Bergson appelait celui de la mystique et celui de la technique. Oscillation, d'époque en époque, entre le sens du merveilleux et la satisfaction dans le rationnel. N'est-ce pas encore Bachelard qui a rappelé que c'est en réagissant contre l'élément affectif de l'imagination et en l'éliminant que la science moderne s'est constituée [4] ? Inversement, c'est en réaction contre le règne de l'intelligence pure que le sens du merveilleux a proclamé son omniprésence et ses privilèges.

Au XIXᵉ siècle, le merveilleux, pourchassé par le positivisme, se réfugie dans l'art et le rêve. Pour les romantiques, comme l'a brillamment illustré Albert Béguin [5], dès ici-bas l'âme appartient à deux mondes, celui de la pesanteur et de l'ombre, celui de la lumière. La vie est irréaliste. Il y a primauté de l'imaginaire sur le réel. « Le merveilleux, écrit Baudelaire, nous enveloppe et nous abreuve comme l'atmosphère mais nous ne le voyons pas [6]. » Alice, en manœuvrant la logique de façon subversive, parvient à dépasser les frontières du

---

4 IDEM, *la Formation de l'esprit scientifique*, Paris, Vrin.

5 Albert BÉGUIN, *l'Âme romantique et le Rêve*, Paris, José Corti, 1937.

6 *Curiosités esthétiques*, cité par Marie-Françoise CHRISTOUT, *le Merveilleux et le « théâtre du silence » en France à partir du XVIIᵉ siècle*, Paris, Éditions Mouton, thèse présentée à l'Université de Paris, Faculté des lettres et sciences humaines, 1965, p. 3.

sens commun et se construit un monde merveilleux « au-delà du miroir ».

Plus près de nous, le surréalisme, en opposition révolutionnaire avec la science et la logique, reprend à son compte et orchestre avec passion les propos de Gérard de Nerval, de Baudelaire, d'Apollinaire. Il croit « à la résolution future des deux états que sont le rêve et la réalité en une sorte de réalité absolue », qui est la surréalité [7]. Le merveilleux s'oppose au mystère, intrigue de la raison, et le dépasse. « Il luit à l'extrême pointe du mouvement vital et engage l'affectivité tout entière [8]. » Il faut se faire « une loi de l'abandon pur et simple au merveilleux, en cet abandon résidant la seule source de communication éternelle entre les hommes [9] ». Je pourrais, j'aimerais citer indéfiniment André Breton qui a explicité avec le plus de virtuosité ce qui est, ce que devrait être le sens du merveilleux de l'homme contemporain.

En général, les attitudes des hommes de notre époque (les communications d'Alfred Dumais et Jean-Paul Montminy nous l'ont rappelé, ainsi que les interventions de Jean-Paul Audet) dissocient ce qui apparaît comme merveilleux de ce qui est sacré, de ce qui est surnaturel au sens strict. Ce qui est sacré n'est pas co-extensif à ce qui apparaît comme merveilleux, ni inversement. Le surnaturel, de son côté, implique une foi ou une théologie qui s'imposent à l'homme d'*en haut*. Ce que l'on dit merveilleux est, au contraire, le fruit de l'imagination créatrice de l'homme, ou encore, selon

---

7 André BRETON, *Manifeste du surréalisme*, 1924, dans *Manifestes du surréalisme*, Paris, Gallimard, collection Idées, n° 23, pp. 23-24.

8 IDEM, Préface à Pierre MABILLE, *op. cit.*, p. 16.

9 IDEM, « Le merveilleux contre le mystère », 1936, dans *la Clé des champs*, Paris, Jean-Jacques Pauvert, 1937, p. 13.

la frappante expression de Louis Jouvet que j'endosse
volontiers, « du surnaturel fabriqué par les hommes [10] ».

Pour autant, j'estime difficilement recevable la notion (proposée par Jean-Paul Montminy) d'un merveilleux qui serait donné ou révélé; encore moins celle d'un
merveilleux explicable, celui du merveilleux scientifique.
En effet, de deux choses l'une : ou bien on peut s'expliquer à soi-même ou se faire expliquer, et l'on est dans
le domaine de l'intelligible rationnel; ou bien on ne peut
pas, et l'on demeure alors soit dans le surnaturel, soit
dans le merveilleux, soit dans le fantastique ou l'étrange
— nous reparlerons de ceux-ci. Il est également difficile
d'accepter les distinctions proposées par M. Maertens,
en particulier, si je l'ai bien compris, la proposition que
Jésus-Christ serait la Merveille suprême. Pour le chrétien, le Christ est Dieu, c'est-à-dire transcendant, même
s'il s'est fait homme. Ce n'est que pour le non-croyant
qu'il peut apparaître comme un homme extra-ordinaire
susceptible d'émerveiller.

Le sens du merveilleux est donc ce sens qui, maintenant en suspens la signification des choses de la
« nature », fait que nous appréhendons l'au-delà ou
l'en deçà du monde. Ce sens de l'irréel dont parle
Bachelard, du surréel dont parle Breton, nous pouvons
tout aussi bien l'appeler le sens poétique en lui donnant
son acception la plus large. Georges-André Vachon a
parlé avec ferveur de ce qu'il y a d'ineffable à la fois
dans l'acte créateur et dans l'acte récepteur de la poésie.
L'acte poétique est irréductible à quelque autre expérience. Il est par essence expression ou tentative d'expression d'une expérience inédite, d'une voyance qui

---

[10] Louis JOUVET, *le Comédien désincarné*, p. 264, cité par Marie-Françoise
CHRISTOUT, *op. cit.*, p. 10.

est, à la limite, inexprimable. Dans l'image poétique, le surréalisme, on s'en souvient, a vu avec une pénétration jusque-là inégalée « le moyen d'obtenir, dans des conditions d'extrême détente bien mieux que d'extrême concentration de l'esprit, certains traits de feu reliant deux éléments de la réalité de catégories si éloignées l'une de l'autre que la raison se refuserait à les mettre en rapport et qu'il faut s'être défait momentanément de tout esprit critique pour leur permettre de se confronter. Cet extraordinaire gréement d'étincelles, dès l'instant où l'on a pris conscience de ses inépuisables ressources, mène l'esprit à se faire du monde et de lui-même une représentation moins opaque. Il vérifie alors, fragmentairement il est vrai, du moins *par lui-même,* que tout ce qui est en haut est comme ce qui est en bas et tout ce qui est en dedans comme ce qui est en dehors. Le monde, à partir de là, s'offre à lui comme un cryptogramme qui ne demeure indéchiffrable qu'autant que l'on n'est pas rompu à la gymnastique acrobatique permettant à volonté de passer d'un agrès à l'autre [11] ». Le sens du merveilleux fait percevoir ce que Breton encore appelait des « faits–glissades » ou des « faits–précipices [12] ».

Revenons un moment à l'histoire pour noter que le sens du merveilleux s'est manifesté selon les époques par une prodigieuse diversité de formes qu'ont inventées et perpétuées soit les arts dits populaires, soit les arts plus savants, y compris la littérature. Il a acquis des stylisations esthétiques. Il a donné naissance à ce qu'on a dit être « la plus haute catégorie esthétique [13] ». C'est

---

[11] *Premier manifeste du surréalisme,* 1924, *op. cit.,* pp. 185-186.
[12] André BRETON, *Nadja,* p. 21.
[13] Marie-Françoise CHRISTOUT, *op. cit.,* p. 19.

à ce niveau que l'étudient les spécialistes du folklore, de la poésie, du théâtre, de la danse, etc.

Arrêtons-nous à la littérature et soulignons une distinction capitale entre les deux notions souvent confondues, celles de merveilleux et de fantastique. À la suite de Roger Caillois [14], reconnaissons que le merveilleux définit un ordre de phénomènes qui s'opposent au monde réel.

Une fois acceptées les propriétés singulières du monde merveilleux ou féerique, tout y demeure remarquablement stable et homogène. Le monde du merveilleux est peuplé de fées et de dragons; les métamorphoses y sont constantes. Le récit merveilleux se situe dès le début dans l'univers fictif des enchanteurs. Ses premiers mots rituels nous en sont un avertissement : « En ce temps-là... Il y avait une fois... » L'imagination exile personnages et événements dans un monde fluide et lointain, sans rapport avec la réalité de chaque jour. Le fantastique, au contraire, n'est pas un milieu : c'est une agression. Il suppose la solidité du monde réel mais pour mieux la ravager. Sa démarche essentielle est l'Apparition. Fantômes et vampires sont, bien sûr, des êtres d'imagination mais l'imagination ne les situe pas dans un monde lui-même imaginaire. Elle se les représente ayant leurs entrées dans le monde réel. Le fantastique « est postérieur à l'image d'un monde sans miracle, soumis à une causalité rigoureuse ».

Tzvetan Todorov a récemment repris cette distinction pour l'appliquer avec une rigueur plus systématique au domaine de l'analyse littéraire [15]. Le fantastique, pro-

---

14 Roger CAILLOIS, « Analyse du fantastique », *la Nef*, 19, juillet-août 1958, pp. 67-71.
15 Tzvetan TODOROV, *Introduction à la littérature fantastique*, Paris, Éditions du Seuil, collection Poétique, 1970.

pose-t-il, « c'est l'hésitation éprouvée par un être qui ne connaît que les lois naturelles face à un événement en apparence surnaturel [16] ». Le récit fantastique « oblige le lecteur à considérer le monde des personnages comme un monde de personnes vivantes et à hésiter entre une explication naturelle et une explication surnaturelle des événements évoqués [17] ». Le merveilleux, lui, correspond à un phénomène encore jamais vu auquel on ne peut attribuer qu'une nature et une causalité surnaturelles. Une troisième catégorie, l'étrange, constitue un genre moins nettement défini quoique assez voisin du fantastique. Les récits où règne l'étrange relatent des événements qui sont, d'une manière ou d'une autre, incroyables, insolites [18]. La pure littérature d'horreur appartient à l'étrange.

Dans ces perspectives, j'avoue ne pouvoir reconnaître ni comme fantastiques ni comme merveilleuses les œuvres littéraires québécoises récentes qu'a analysées Maurice Lemire. Ces œuvres sont d'ailleurs très peu romanesques dans la mesure où la mince fiction qui les soutient colle de très près à la réalité sociale, surtout à une idéologie idéalisante et normative. L'univers imaginaire de ces œuvres, par le biais de cette idéologie quasi théologique, rejoint peut-être le sacral ou le mythique mais il demeure engoncé dans des préoccupations apologétiques.

La littérature orale ou écrite, domaine privilégié de l'expression du sens merveilleux, nous incite aussi à reconnaître que celui-ci, tout en provoquant l'étonnement ou la fascination, sollicite certaines inquiétudes

---

[16] *Ibid.*, p. 29.
[17] *Ibid.*, p. 37.
[18] *Ibid.*, pp. 51-52.

fondamentales, comme l'a discrètement suggéré la communication de notre collègue psychanalyste Michel Dansereau. « À examiner la tradition des contes et des légendes, écrit Pierre Mabille, on aperçoit que le merveilleux naît de l'inquiétude, de la volonté révolutionnaire de soulever le voile du mystère [19]. » Mystère des origines ancestrales, mystère des désirs archaïques refoulés. Comment autrement rendre compte du fait, souvent signalé, que l'obsession de l'animalité traverse tous les domaines du merveilleux [20] ?

L'un des phénomènes dominants, sinon le phénomène spécifique du merveilleux est celui de la métamorphose (auquel, si étonnant que cela soit, on n'a fait aucune allusion au cours de ce colloque). Toutes les mythologies en débordent comme aussi les littératures merveilleuses, orales et écrites. Lucius se voit transformé en âne, Alice en une fleur géante, l'homme vole, la mandragore prend forme humaine. Ces métamorphoses, en général, sont celles de l'homme en animal ou de l'animal en homme. Qu'en inférer sinon que l'imaginaire est peuplé de thèmes animaliers; que nous percevons que la matière est « atteinte de protéisme »; que l'homme à travers les âges, n'a cessé, comme le font les enfants, de jouer avec sa propre image et qu'en définitive le sens du merveilleux nous force à reconnaître les rapports profonds entre humanité et animalité et que les expressions de désirs inassouvis se mêlent à des symboles communs et généraux [21] ?

Si donc l'on admet que le sens du merveilleux nous installe dans une dialectique entre ce qu'il y a de plus

---

[19] Pierre MABILLE, *op. cit.*, p. 53.

[20] Voir en particulier Pierre-Maxime SCHUHL, *le Merveilleux, la Pensée et l'Action*, Paris, Flammarion, Bibliothèque de philosophie scientifique, 1952.

[21] Pierre MABILLE, *op. cit.*, p. 34.

profond dans l'homme et ce qu'il y a de plus aux confins du monde, l'histoire ne nous apparaît-elle pas « comme un long voyage orienté vers la conquête d'un royaume merveilleux, d'une terre que l'homme se promet à lui-même [22] » ? Et ne voyons-nous pas s'animer d'un nouvel éclairage les innombrables utopies dans lesquelles, de tout temps, les hommes ont répété, comme Ernst Bloch dont nous a parlé Alfred Dumais, leur irrépressible besoin d'un au-delà merveilleux qui correspondrait, pour la collectivité, au « point suprême » évoqué par André Breton — ce point qui est une terre de merveilles à reconquérir, le foyer vivant de la totalité du monde ? Toute eschatologie implique un mythe du recommencement, du retour à un paradis.

Au terme de nos discussions il n'est pas malaisé d'identifier des pistes d'exploration. Nous devons poursuivre des recherches et en provoquer de nouvelles chez ceux qui nous entourent, qui attendent nos signaux dans le ciel du « pas-encore-connu ». Que proposerons-nous sinon, en tout premier lieu, de repenser, en y mettant de l'ordre, les stimulantes réflexions de ce colloque pour en dégager les hypothèses fécondes, en élaguer les généreuses fantaisies, en poursuivre allégrement les suggestions valables ? De nous placer, dès le départ, dans une perspective qui ne peut être que celle d'une vaste anthropologie ? Le temps devrait être passé où nous nous laissions limiter par les étiquettes de nos disciplines particulières.

Ce qui importe est de poser les questions que nous estimons capitales. Seule une saisie de toutes les

22 *Ibid.*, p. 35.

dimensions importantes qui circonscrivent l'homme en situation peut nous permettre de formuler les interrogations significatives à son sujet, qu'il s'agisse de ses visions du monde, de ses attitudes, de ses croyances, de ses conduites étonnantes ou de ses espoirs.

Approche existentialiste, peut-être; approche directe et globale, sûrement. Approche qui ne peut, non plus, méconnaître ce qu'a à nous proposer une sociologie de la culture et de la connaissance. Nous savons qu'il manque encore beaucoup de pierres à l'édifice d'une anthropologie novatrice.

S'il s'agit de notre société immédiate, nous savons que nous avons presque tout à ré-apprendre et à re-comprendre d'elle au fur et à mesure qu'elle évolue, voire à sonder de façon mieux éclairée le moment et le pourquoi de ses origines. Nous n'avons que l'embarras du choix des champs d'investigation qui s'offrent à notre labeur : dégager les mythologies profondes qui soustendent notre littérature orale et écrite; reconnaître avec plus de précision les traits de ce que l'on a appelé « le Dieu québécois »; cerner les grands symboles qui ont présidé à la conquête de notre espace, de notre âme collective; nous enquérir des modalités d'un multiforme folklore urbain que nous connaissons à peine; déceler les projets d'existence d'une jeune génération qui se crée un univers ludique sinon artificiellement et dangereusement hallucinant face à un monde qu'elle dénonce en bloc... Et l'on pourrait prolonger indéfiniment cette litanie de nos travaux à venir.

C'est au prix de nos patientes prospections que nous découvrirons les zones d'affleurement entre les surréalités qui sollicitent ceux qui nous entourent et les plans ordinaires de leur existence.

INDEX ONOMASTIQUE

ABRAHAM, 41
ADORNO, 99
ANDRÉ, frère, 77
ANTÉE, 64
ANTONIONI, 32
APOLLINAIRE, 149
APULÉE, Lucius, 147, 154
ARISTOPHANE, 81, 83
ARISTOTE, 102
ARLINCOURT, vicomte d', 55
AUBERT DE GASPÉ, Philippe, 55
AUDET, Jean-Paul, 21, 116, 118, 146, 149
AZARIUS, 64

BACH, 145
BACHELARD, Gaston, 45, 147, 148, 150
BAILLAIRGÉ, François, 71, 79
BARTHES, R., 115
BASTIDE, Roger, 90
BAUDELAIRE, 148, 149
BAUDRILLARD, J., 115
BEAUMONT, père, 62, 63
BÉGUIN, Albert, 148
BERGERON, père, 77
BERGMAN, 32
BERGSON, 148
BERLYNE, D. E., 23
BERNARD, Harry, 57
BIARD, 70

BLANCHÉ, Robert, 10
BLOCH, Ernst, 91, 92, 93, 94, 95, 96, 97, 98, 99, 100, 155
BOGLIONI, Pietro, 1
BOILEAU, 15
BOILY, Beatrix, 57
BONHOEFFER, D., 114
BOUCHERVILLE, Georges de, 55
BOURGAULT, Raymond, 15
BRETON, André, 137, 140, 143, 144, 149, 150, 151, 155
BRUN, J., 124
BUNUEL, 32

CAILLOIS, R., 112, 124, 152
CARMEL, Aimé, 57
CARROLL, Lewis, 40
CARTIER, Jacques, 82, 145
CASGRAIN, Henri-Raymond, 52
CATHERINE DE SAINT-AUGUSTIN, 52, 53
CATTA, E., 77
CHAPDELAINE, Maria, 56
CHARBONNEAU, Robert, 78
CHENEL, Eugénie, 57
CHENU, M.-D., 113
CHOQUETTE, Ernest, 56
CHOUINARD, Ernest, 57
CHRISTOUT, Marie-Françoise, 148, 150, 151

CLAUDEL, P., 46
CLOUTIER, Joseph, 57
CÔTÉ, Louis-Philippe, 57, 60, 63
COX, H., 114
CRÉSUS, 72

DANIÉLOU, J., 114, 116
DANSEREAU, Michel, 27, 39, 43, 154
DELEHAYE, Hippolyte, 53
DESROCHE, Henri, 95, 125
DIDRON, Adolphe, 67
DOUCETTE, sœur Marie, 70
DOUTRE, Joseph, 55
DUMAIS, Alfred, 89, 149, 155
DUMONT, Fernand, 2, 5, 51, 115, 144, 146
DURAND, Gilbert, 109, 115
DURAND, Laurent, 74
DURKHEIM, Émile, 120, 121

EINSTEIN, Albert, 102
ÉLIADE, Mircea, 112, 113, 116
ÉSAÜ, 41, 42

FAILLON, Étienne-Michel, 52
FALARDEAU, Jean-Charles, 143
FELLINI, 32
FERENCZI, Rose-Marie, 91
FERENCZI, S., 45
FEUERBACH, Ludwig Andreas, 95
FILIATRAULT, Jean, 57
FINK, E., 124

FLEISS, 39
FRÉCHETTE, Louis-Honoré, 55
FREUD, Sigmund, 27, 29, 30, 31, 32, 37, 38, 39, 44, 45
FURTER, Pierre, 91

GAGNON, Ernest, 68
GAGNON, Serge, 51, 57
GANDILLAC, Maurice de, 96
GARNEAU, François-Xavier, 51
GEFFRÉ, Cl., 116
GÉRIN-LAJOIE, Marie, 69
GERMAIN, Victorin, 71
GOETHE, 91, 99
GOLDMANN, Lucien, 65
GOSSELIN, Auguste, 52, 54
GRAND'MAISON, J., 116, 117
GREELEY, A., 122
GRIGNON, Claude-Henri, 57, 64
GROULX, Lionel, 51
GUÈVREMONT, Germaine, 66

HALBWACHS, Maurice, 51
HARDWICK, Elizabeth, 133
HERMÈS, 23
HOFFMANN, 83
HOMÈRE, 136, 140
HUCKE, H., 129
HUDON, L., 52, 53
HUOT, Antonio, 56

ISIS (déesse), 148

JACOB, 41, 42
JAMES, William, 105

JANKÉLÉVITCH, S., 94
JONES, L., 40
JONES, R. A., 68
JOSSUA, J.-P., 114, 116, 117
JOUVE, Odoric-M., 52
JOUVET, Louis, 150
JUNG, H., 105, 115

KIERKEGAARD, 105
KIMMERLE, Heinz, 92, 93
KOCK, Paul de, 55
KRIS, E., 33, 36, 38, 43, 44

LABERGE, Albert, 66
LACAN, 18, 46
LACOMBE, Patrice, 56
LACOURCIÈRE, Luc, 81, 143
LACROIX, Benoît, 1, 67, 143
LADRIÈRE, J., 115
LAFORGUE, R., 45
LAFORTE, Conrad, 74
LALANDE, André, 102
LAMONTAGNE, Blanche, 57
LANDMANN, Michael, 100
LANGEVIN, André, 78
LAPOINTE, Henri, 57
LAPOINTE, Paul-Marie, 131, 134, 137, 138, 140
LARUE, Hubert, 55
LASSALLE, Ferdinand, 96
LAVAL, Mgr de, 52, 54
LEBLOND DE BRUMATH, 53
LÉGER, Paul-Émile, 78
LEMIEUX, Denise, 107
LEMIEUX, Raymond, 69
LEMIRE, Maurice, 55, 153
LE MOYNE, Jean, 68

LESAGE, Alain-René, 15
LESSARD, Marc-André, 101
LEVASSEUR, Noël, 71, 79
LORAND, S., 35
LUKACS, Georg, 60, 65, 89, 98, 99

MABILLE, Pierre, 144, 149, 154
MAERTENS, Jean-Thierry, 111
MAERTENS, M., 150
MAILHIOT, Bernard, 69
MÂLE, Émile, 67, 71
MANCE, Jeanne, 53
MANDERS, H., 116, 117
MARCUSE, H., 115
MARIE DE L'INCARNATION, 52
MARMETTE, Joseph, 55
MARX, Karl, 91, 96, 100
MEMMI, Albert, 52
METZ, J.-B., 114
METZGER, Arnold, 92
MICHEL-ANGE, 67
MIRON, Gaston, 134, 137, 140
MOLTMANN, Jürgen, 95
MONOD, Jacques, 99
MONTMINY, Jean-Paul, 2, 101, 144, 149, 150
MOREUX, Colette, 68
MORIN, E., 115
MÜNGER, Thomas, 96, 100

NERVAL, Gérard de, 149
NEWTON, 35
NORMAND, Louis, 70

OTTO, R., 112
OUVRARD, René, 57

PAGÉ, L., 71
PASCAL, 78
PASTEUR, 35
PELLETIER, Didace, 52
PINDARE, 131, 132
PLAMONDON, Marcel, 77
PLATON, 15
POE, Edgar, 83
POTVIN, Damase, 56, 57, 60, 62

RACINE, 15
RAHNER, Karl, 98
RAÎCHE, Louis-Joseph, 57
RÉAU, Louis, 67
RÉBECCA, 41
RENAN, Ernest, 16
RICŒUR, P., 67, 116, 119
RIMBAUD, 133, 137, 140
RINGUET, 57, 60, 66
ROBINSON, 67
ROSZAK, Th., 115
ROUSSEAU, Jean-Jacques, 15
ROUSSEAU, Louis, 68
ROUTHIER, Alphonse-Basile, 77

ROY, Gabrielle, 78

SAINT-VALLIER, Mgr de, 76
SAINTYVES, 53
SAVARD, Félix-Antoine, 60
SCHELLING, F.-W., 94
SCHILLEBEECKS, H., 113
SCHUHL, Pierre-Maxime, 154
SCOTT, Walter, 55
STEIN, Michel, 2
SUE, Eugène, 55

TILLICH, P., 67, 114
THOMPSON, Stith, 54
TODOROV, Tzvetan, 152
TOFFLER, A., 112, 113

VACHON, Georges-André, 150
VAN GOGH, 6
VERGOTE, A., 115
VERNE, Jules, 148
VIRGILE, 59
VOLTAIRE, François Marie Arouet dit, 15

WHITEHEAD, Alfred North, 18

YOUVILLE, mère d', 70

TABLE DES MATIÈRES

Avant-propos 1

I. Problématique 3

Du merveilleux,
       par Fernand Dumont 5

La notion de merveilleux,
       par Raymond Bourgault 15

Essai d'approche anthropologique,
       par Jean-Paul Audet 21

La psychanalyse et le merveilleux,
       par Michel Dansereau 27

II. Le merveilleux traditionnel 49

Les représentations mythiques de
la Nouvelle-France au XIXe siècle,
       par Serge Gagnon 51

Le mythe de la terre paternelle,
       par Maurice Lemire 55

Le « Dieu merveilleux » des Québécois,
       par Benoît Lacroix 67

Le merveilleux folklorique,
       par Luc Lacourcière 81

III. Les formes actuelles du merveilleux 87

Les nouvelles mythologies,
par Alfred Dumais 89

La quête quotidienne du merveilleux,
par Jean-Paul Montminy 101

La désacralisation et le merveilleux
religieux,
par Jean-Thierry Maertens 111

Le merveilleux dans la poésie québécoise,
par Georges-André Vachon 131

IV. Synthèse et prospective 141

Le sens du merveilleux,
par Jean-Charles Falardeau 143

Index onomastique 157

ACHEVÉ D'IMPRIMER
LE VINGT OCTOBRE MIL NEUF CENT SOIXANTE-TREIZE
À L'IMPRIMERIE LAFLAMME LTÉE, QUÉBEC
POUR LE COMPTE
DES PRESSES DE L'UNIVERSITÉ LAVAL
QUÉBEC (10e)